応答する〈生〉のために

〈力の開発〉から〈生きる歓び〉へ

高橋　勝

東信堂

はじめに──「なぜ勉強するの?」という問いかけ

子どものころ、なぜ勉強するのだろうか、という疑問に悩まなかった人は、ほとんどいないのではなかろうか。親や身近な大人に聞いても、そんなことは分かりきっている、という顔をされるのが落ちなので、一人でモヤモヤしていた経験は誰にでもあるのではないか。

いま考えてみると、筆者が子どものころの大人たちは、貧しい時代に生まれ、戦争を体験し、子ども時代にまともに学ぶことすらできなかった人が大多数を占めていた。だから、戦後の学制改革で六―三制ができて、中学校まで義務教育として無償で学べるようになったことや、戦前にはかなわなかった高校、大学まで行ける時代になったことを歓迎していたはずである。

貧しさゆえに、戦争があったゆえに、学ぶことができず、悔しい思いをしてきた大人たちにとっては、「なぜ勉強するのか?」などという疑問は、ゼイタクなたわごと以外の何ものでもなかったであろう。

しかし、戦後復興期が終わり、高度経済成長期に突入して高校全入運動などが盛んになり、一九七〇年代半ばになると、高校進学率は九〇％を越える。高校は、もはや選ばれた者だけが通う特権的な場所ではなくなった。逆に、高校ぐらいは出ておかなければよい就職ができない、半ば義務的な場所に大きく変わった。

この一九七五年という年は、日本が「貧しい社会」から離陸し、誰もが中流意識を感じられるほど「豊かな社会」に着地する、ちょうど転換期にあたる。そして、ほぼこの時期を境にして、それまで減少していた不登校（長期欠席の児童・生徒）の子どもの数が下げ止まりになり、今度は急カーブで増えはじめるのである。

それまでは「貧しい社会」の中にあり、勉強をしたくてもできない状況におかれた子どもたちは、学校に通えることは大きな喜びと誇りであり、疑問を感じることはなかった。ところが一九七五年前後を境にして、学校に通うことに苦痛や疑問を感じる子どもが増えはじめる。学校の自明性や神聖性が音を立てて崩れはじめる。

「なぜ勉強するのか？」という疑問が子ども・若者の間で急速にリアリティをもちはじめるのは、まさにこの時期からである。それは、筆者の個人的な経験からも実感できた。

一九七〇年代半ばのころ、筆者は、大学院に通いながら、かなり大きな学習塾で中学生に数学を教えていた。ある日、授業が終わって生徒がみな帰った教室に、一人だけ中3の男子生徒がまだ残っていた。私に話したそうだったので、「何かわからないことでもあるの?」と声をかけたところ、ハイという返事。数学の質問かと思って、どこがわからないのかと尋ねた。

生徒は、すぐには応えずに、表情を曇らせながら、「変な質問でもいいですか?」と言った。何でもいいよ、と私。すると「先生は、なぜ勉強してきたのですか?」と聞いてきた。えーッ⁉と私。予想外の質問だった。しかし、ふざけた感じでは全くない。表情は真剣そのものだった。私はすぐに言葉が出なかった。だから、ひと呼吸入れようと思い、生徒を講師室まで歩いて招き入れ、テーブルで向かい合ってから尋ねた。「なぜ、そんなことをオレに聞くの?」

生徒は、たまっていたものを一気に吐き出すように、こう言った。高校受験があるので、毎日、必死に勉強してきた。が、やっているうちに、英単語を覚えたり、歴史の年代を覚えたりする意味が分からなくなった。母親に尋ねたら、そんな難しいことは学校の先生に聞きなさいと言われた。担任の先生に聞いたら、お前は高校に入りたくないのか、と一喝された。校長先生に聞けばわかるかと思って、校長室に行って尋ねた。校長先生は、話を黙って聞いてくれたが、少し間をおいてこう言われた。「君は疲れているようだね。少し休みなさい」と。

結局、みんなにはぐらかされた気持ちだった。だから、教育学を研究していると日ごろから聞いていた先生に聞けばわかるかと思って聞くのです、と生徒。うーんとうなって、言葉が出なかった私。とはいえ、沈黙することは、教師の敗北のように感じていた私は、わかったようなセリフをつい口走ってしまった。

「何でも知ることは面白いし、将来の役にも立つ。世界が狭いといい人生を送れないよ！」などと。正確には、何といったか思い出せない。しかし、生徒の落胆したような顔つきだけは、今でも頭に焼きついている。また、はぐらかされた、という顔だったからだ。筆者の二〇代のころの苦い思い出の一つだ。

その後、筆者は生徒を落胆させてしまったことがずっと気になっていた。その出来事があって、しばらくたった時だった。森鷗外の小説『青年』を読んでいたら、あのときの中学生の真剣な顔つきがまた頭に蘇ったのだ。ある個所で鷗外は、こう書いている。

「何の目的の為に自己を解放するかが問題である。作る。製作する。神が万物を製作したように製作する。これが最初の考えであった。しかしそれが出来ない。（中略）そんならどうしたら好いか。生きる。生活する。答は簡単である。しかしその内容は簡単どころではない。一体日本人は生きるということを知っているのだろうか。

小学校の門を潜ってからというものは、一しょう懸命にこの学校時代を駆け抜けようとする。その先きには生活があると思うのである。学校というものを離れて職業にあり附くと、その職業を為し遂げてしまおうとする。その先きには生活があると思うのである。そしてその先に生活はないのである。

現在は過去と未来との間に劃した一線である。この線の上に生活がなくては、生活はどこにもないのである。そこで己は何をしている。」（森鷗外［二〇一七］『青年』岩波文庫、七九―八一頁。傍点は引用者のもの。発表は一九一〇年）

あの生徒は、鷗外も抱いたこの複雑で切ない思いを教師である筆者に共有してほしかったのではないか。小学校の門をくぐってからは、一生懸命にそこを駆け抜けてきた。いま自分は、中学校を駆け抜け、高校に突進しようとしている。その後は、大学、そして就職。

きっと仕事を持っても同じことの繰り返しが続くだろう。用意されたレールの上をただ駆け抜けるだけの人生で空しくはないのですか。先生は、なぜ勉強し、働き、なぜ生きているのですか？と。

近代の黎明期に、森鷗外が実に的確に描写した「青年」のジレンマは、まさに一一〇年後の現在を生きる若者のジレンマと全く変わっていない。これは、広くいえば、力、あるいは能力の開発によって推進される近代産業社会の成り立ちと、それを支えるべく教育されてきた若者の「生きられる世界」との矛盾や葛藤の問題といえるからだ。現在では、それは、不登校、ドロップアウト、引きこもりなど、鷗外の時代には考えられなかった子ども・若者の新しい生のかたちとして立ち現れている。力の開発に疲れた、あるいはそれを拒否した若者たちは、何を考えているのだろうか。それは、力の単なる蓄積や単なるエンパワーメントではなく、生きることの歓びや意味深い生の充実感なのではないか。

もしも、中学生から五〇年前と同じ問いかけを受けたら、今の私はどう答えるだろうか。ひょっとして、昔と同じ失敗をまた繰り返してしまうかもしれない。しかし、納得はしてもらえないまでも、同じような問題に悩んでいる若者たちの心に少しでも受け止めてもらえるようなシンプルなメッセージを、本書で語ってみたい。

目次／応答する〈生〉のために――〈力の開発〉から〈生きる歓び〉へ

応答する〈生〉のために——〈力の開発〉から〈生きる歓び〉へ

第1章　何のためのパワーアップか——有用化される生

第1節　〈力〉のカタログの氾濫

なぜ「○○力」というコトバが氾濫するのか

「○○力」というコトバが今日ほど氾濫した時代はないだろう。コミュニケーション力、対人関係力、情報力、言語力、英語力、人間力など、数え上げれば枚挙にいとまがない。とりわけ教育界では、教師力、授業力、指導力、学校力、生きる力など、「力」というコトバを抜きにしては教育が語れないかのような状況が続いている。

こうした傾向は、日本の経済成長が失速した一九九〇年代以降の、いわゆる「失われた三〇年」の間に急速な広がりを見せた。産業界から教育界に至るまで広くみられる、スキルアップやパワーアップが求められる、このせわしない社会状況は、少し皮肉な見方をすれば、『「自己啓発病」社会』（宮崎学の書名、二〇一二年、祥伝社）とでも言いたくなる様相であることは否定できない。

これらの「○○力」というコトバは、一見分かりやすいように見えるが、その内実を学問的に精査していくと、ラッキョウの皮のようにすぐに剥落してしまい、内実は空虚なものも少なくない。たとえば、コミュニケーション力というコトバ。これは、少なくとも仲間うちの馴れあい関係の言葉ではなく、自己とは別の集団もしくは異文化に住む住人と意思疎通を交わすことができるということを、最低限含んでいるはずである。

たとえば、幼児と笑顔を交わしたり、お年寄りや外国人とコミュニケーションを交わすとはどういうことか。意思疎通の前提として、相手が心を閉ざした状態ではなく、心を開いて会話が進むことが大前提であろう。幼児やお年寄りが話したくなるような受容的で視線の低い相手。この人なら自分のまだらっこしい話にも嫌な顔をせずに、じっと耳を傾けてくれるだろうという認知が相手に生まれることが、まず必要である。自分とのつき合いにじっくり時間をかけてくれそうな相手。コミュニケーションとは、最低限、相手とのつながりや信頼において成立するものであるはずだ。

ところが、コミュニケーション力というコトバの理解の中には、こうした最も重要な視点が見過ごされているものも少なくない。自己ＰＲが効果的にできる。短時間で相手を説き伏せ、納得させられる。相手を承服させ、自分の思い通りに相手を動かすことができる。自己啓発セミナーなどでは、こうした自他の操作技法のひとつとしてコミュニケーション力が語られがちである。

「力」というコトバの奥には、自分や相手を意のままに動かし、ある行動の効果をアップさせたいとする願望、もしくは欲望が潜んでいる。コミュニケーション力を身につければ、どんな難物の相手とも交渉ができ、思うように説き伏せることができるという支配欲が透けて見える。それは、自己や他者を思うがままに操作して自己の欲求や願望をかなえたいとする支配知（M・シェーラー）の一つといってよいだろう。

コミュニケーションには、聞き手との共感や共苦の感情や相互承認の機能も含まれているはずであるが、近年こうした「つながり」を大切にするコミュニケーションは忘れさられた感がある。自・他を安易に切り離した上で、自己を強化するためのコミュニケーション力にアクセルがかかる。

それでは、なぜ「力」というかたちをとった自己支配や他者支配の欲望が、これほど刺激されるようになったのだろうか。

ハイパー・メリトクラシー社会

一九九〇年代以降の情報と経済のグローバル化とともに、私たちの社会は、あるがままの自己やあるがままの他者には価値を見出せない業績原理の社会に移行してきた。あるがままの存在(Being)には価値はなく、達成したこと(Achievement)の方に価値があると信じられた社会がメリトクラシー社会である。

前近代社会が、個人の身分や家柄、性別という与えられた属性(Ascription)に従って行為する固定的社会であったのに対して、近代社会は、個人が発揮する能力によって、社会的地位や財産を獲得していく社会である。業績によって評価をうけながら、昇進したり移動していく流動的な社会である。

そう考えると、自分が生まれついた身分や属性で評価される社会よりも、後天的に獲得した能力によって評価される社会の方が、公平であるとだれもが思うだろう。学力、学歴、キャリア、業績、これらは、個人がその努力を通して達成してきた成果である。丸山眞男もいうように、近代社会は、その生まれや属性(「であること」)ではなく、本人が獲得してきた業績(「すること」)によって評価される社会である(丸山[一九六五]『日本の思想』岩波新書、一五九頁)。

ところが、一九九〇年代から、個人のなした成果や結果だけでなく、個人の内面にまで評価の物差しがさし向けられ、属人的な指標が介入するようになったと、教育社会学者の本田由紀はいう。表に出た客観的な成果だけでなく、社会の変化に対応しながら生産的にバージョンアップしていくという生き方の有無までもが問われる時代になったという。こうした社会を本田は、「ハイパー・メリトクラシー社会」と呼んでいる。

「ハイパー・メリトクラシーとは、非認知的で非標準的な、感情操作能力とでも呼ぶべきもの（いわゆる「人間力」）が、個人の評価や地位配分の基準として重要化した社会状態を意味している。ハイパー＝「超」という言葉を冠している理由は、従来のメリトクラシーよりもむき出しで苛烈なメリトクラシーと考えるからである。なぜなら、ハイパー・メリトクラシーは、認知的な能力（頭のよさ）よりも、意欲や対人関係能力、創造性など、人格や感情の深部、人間の全体に及ぶ能力を、評価の俎上に載せるからである。」（本田［二〇〇八］『軋む社会――教育・仕事・若者の現在』双風社、五三頁）

従来のメリトクラシーでは、人々の社会的評価を決定するさいの手続きの公平さというものが重要な意味をもっていた。公平さを担保するために、社会の複雑さや文化的な多様性からは一定程度離れて、認知能力に限定した試験による評価という限定性が、人格評価にまでは及ばない歯止めをかけていた。だからこそ、救いがあったともいえる。ペーパー試験はできなくても、友達がいっぱいいて、人柄がよい若者にも十分に光が当てられていたからである。

ところが、ハイパー・メリトクラシー社会では、能力測定の条件設定と限定性がなし崩しにされる。本田はこう指摘する。

「場面場面における個々人の実質的で機能的な有用性に即して個々人を遇するという業績主義が本来もっていた意味が前面に押し出される。」(本田〔二〇一六〕『多元化する能力と日本社会――ハイパー・メリトクラシー化のなかで』NTT出版、二二頁)

能力とは、もともとある一定の条件設定の下で、限定的に測定されるもの、あえていえば実験(試験)というフィルターを通して抽出されたものでしかない。数々の条件を施した実験室で行われた結果が客観的なグラフで抽出されたとしても、それは、日常生活における被験者の生活の知恵とイコールではない。だからこそ、客観性が保証されるわけである。ところが、その条件設定がいつしか無視され、実験結果があたかも属人的な実体であるかのように受け取られかねない社会の風潮を、本田は危惧しているのである。単なるメリトクラシー社会ではなく、まさにハイパー・メリトクラシー社会が到来したという実感は、本田だけに限らないであろう。

他者と応答する人格はどこへ？

しかし、そうなると、近代社会を構成する原単位としての人格や人間性の尊厳はいったいどうなるのだろうか。人格や人間性は、もはや福沢諭吉が考えたように天賦（天からのgift）の独立変数ではなく、それもまた高速回転する産業社会という分母によってかたちを変える従属関数になってしまうのだろうか（福沢諭吉［一九八〇］『学問のすすめ』『福沢諭吉選集』第三巻、岩波書店、五七頁）。

現に、小学校からキャリア教育が行われ、子どもたちは、社会とのつながりを「勤労」や「仕事」で理解するように教えられている。逆に言えば、自分の思いから発する震災ボランティアや、赤ちゃんが好きといった育児ボランティアなどの内面から湧き出る社会参加については、あまり期待されていないように見える。ボランタリー（自発性、能動性）を育てる前に、責任が覆いかぶさるのである。遊び気分で赤ちゃんを抱いては困る、等々。

しかし、複雑化した社会を生きていくには、さまざまな経験を通して、「自分の目でものを見、自分の心で感じ、自分の理性で考える」自律した人間であることが求められる（ルソー［平岡昇訳、一九七七］『エミール』河出書房新社、二七三頁）。こうした自律的判断力は、遊びを含めた、さまざまな他者との交流を通して育まれるものである。子ども、高齢者、異国籍の人々を含めて、応答や助けを求めている人々との交感や援助の経験が、その人の豊かな人間性や人格を育てるのではないだろうか。

いうまでもなく人格とは、明治期に、カント（I. Kant）のいう「ペルゼーンリッヒカイト」（Persönlichkeit）の翻訳として使用されてきた経緯がある。さらにさかのぼれば、西洋のユダヤ・キリスト教思想において重視されてきた、神から人間にのみ与えられた隣人愛の精神が、人格を根拠づけるものとされてきた歴史を見逃すことはできない。他者を愛し、他者と応答することこそが人格を成り立たせる重要な要素である。

ところが、日本で人格といえば、まさにカントが言うように、自律してものごとを考え判断できる（啓蒙された）主体というように、自律主義的に考えられがちである。しかし、その根底には、人間を目的として扱い、単に手段として扱わないとする隣人愛の精神が流れていることを忘れてはならないであろう。アメリカにおける人格概念を思想史的に検討してきた田中智志は、次のように述べている。

「人は、人(個人)という象り(輪郭)を超えて、それからはみだし広がる感覚、いわば『交感性』(sympathia, 自・他をつなぐ感受性の広がり)をもっているのだろう。それは、見えないし語りがたいが、無理にいえば、『阿吽《あうん》の呼吸』『以心伝心』のような、言葉にしなくても、誰かと響き合い、通じあうことである。それは、『自律する個人』という鎧を着ているかぎり、さえぎられ、断ち切られる音波のようなものである。感覚されるものであり、想像されるものである。」(田中[二〇一八]『「人格の完成」の思想史的含意――何が「パーソン」と呼ばれるのか』一般社団法人平和政策研究所報告書、六頁)

田中によれば、他者と応答し、共感し、共存関係のなかで生活できる主体こそが、まさに人格である。子どもが大人になる上で大切なことは、他者とともに共存的に生きていく知恵を磨くことではないだろうか。学問や芸術、文化を通して、子どもが世界と応答し、未来に希望をもっていきいきと生きてゆける人格を育てることが大切である。内発的に、応答的に生きてゆける人格を育てることである。

カントもいうように、自律的人格は、人間におけるもっとも崇高なものであり、つねに目的として扱うべきものであって、何かの道具や手段にしてはならないものである（カント［篠田英雄訳、一九六六］『道徳形而上学原論』岩波文庫、三四頁）。

力や能力は、人間が果たす社会的機能の一部であると考えれば、それを早くから教育し、開発することはたしかに不可能ではない。しかし、人格や人間性というものは、もともと人間にそなわっているものであるから、それを「育てる」(educate) ことはあっても、「開発する」(develop) 対象にはなりえない。人格や人間性というものは、長いあいだの家族関係や社会的対人関係を通して育まれると同時に、情緒や感受性、無償の愛情など、その人の内奥から自然に育まれてくるものだからである。

さまざまな力や能力は、その人の人格や人間性の育ちの中に埋め込まれて開花するものであって、人格や人間性の育ちを歪めるかたちで力や能力の開発が進められるとしたら、本末転倒といわなければならないのである。

「人間力」という経済戦略用語

人格も人間性も、自ずから育つものであって、特定のスキルの開発のように、外部から簡単に操作して育つものではない。内閣府が二〇〇三年に提案して広がった「人間力」というコトバは、英語では、human resources や human-power にあたる。未開発の人的資源、有効労働力という意味合いが含まれている。

したがって、労働市場の需給関係を未来予測するケーススタディ等で使用するのであれば全く問題はないが、それが教育の世界にまで広がってくると、使用にあたっては慎重な吟味を要すると思われる。なぜなら、それは、国際的な経済競争力の向上をめざした人的資源開発政策という戦略性の強い用語だからである。

内閣府「人間力戦略研究会報告書」(二〇〇三年四月)によれば、「人間力」とは、「社会を構成し運営するとともに、自立した一人の人間として力強く生きていくための総合的な力」であるとの定義がなされている。「自立した一人の人間として力強く生きていく」ことは大事なことであり、筆者もその通りであると思う。しかし、「力強く生きていく」ことについては、人間形成や個人の生き方の問題という教育人間学のパースペクティブから考えてみると、それは本人一人の強い意志だけで成し遂げられるものではない。

「自立」、あるいは福沢諭吉が「独立自尊」と訳した Independence は、欧米とは異なって、とくに日本文化の文脈においては、親子関係における甘えにはじまり、仲間との相互依存（inter-dependence）の関係を十分に経験した上でなければ達成できないものと考えられてきた。欧米の主体（Subject）と日本の主体は、コトバは同じでもそれを支える文化的コンテクストが大きく異なるからである。単純化していえば、欧米の主体は、個人中心のアイデンティティ獲得型の主体であるのに対して、日本の主体は、場（place）や関係（relation）中心の流動的アイデンティティ獲得型の主体である。

精神医学者の土居健郎は、欧米の乾いた「自立文化」に対して、日本のウエットな「甘え文化」を挙げている（土居［一九七九］『「甘え」の構造』弘文堂）。また、臨床心理学者の河合隼雄は、ユダヤ・キリスト教などの一神教を背景とする欧米の「父性原理」に対して、多神教を背景にもつ日本の「母性原理」の文化的な違いが人間形成に与える影響を指摘している（河合［一九七六］『母性社会日本の病理』中公叢書）。さらに近年、「自立」や「社会正義」の問題も、欧米基準で説明しきれるわけではなく、それぞれの言語・文化的コンテクストに即して再検討されるべきであるとの研究も発表されている（斎藤直子／ポール・スタンディッシュ／今井康雄編［二〇一八］『〈翻訳〉のさなかにある社会正義』東京大学出版会）。

これらの研究成果を見るならば、欧米基準の「自立」思考を、文化的背景も考えずに、日本に性急に持ち込むことが、子どもや若者の社会的自立を促すとはとても考えられないであろう。それどころか、家庭、地域、学校で、みんなで協力して問題を解決していくことがよしとされて育った若者が、ある日突然、「自立した一人の人間として力強く生きてゆけ」と言われても、戸惑うだけのことになるのではないか。第8章で言及するが、国際的に見て、日本の若者の自尊感情が際立って低い原因の一つは、自分が生まれ育った日常文化と、近年、社会から要求される文化との間に接続しがたい断絶(ギャップ)があるからではないだろうか。若者が内向きになり、リスク回避に回るのも理由のないことではないと考えられる。

生感情が豊かであること

「自立」の問題を、教育人間学の立場から考えるならば、若者の自立を支える「生感情」の豊かさの有無が重要なカギとして浮上してくる。「自立」の基本は、自己決定(self-determination)という認知系の力であるが、それを下支えする「生感情」という情意系のドライブが十分にはたらくか否かが大事なポイントになるはずである。この生感情を育てるのが他者との応答である。

さまざまな他者に支えられた豊かな生感情こそが、自己肯定感のある自立を生み出すからであり、自立(Independence)というものは、実は自分一人の力では達成できないものだからである。家族や仲間とともに生が育まれ、生感情が豊かであるからこそ、子どもや若者は生きる歓びに満たされる。こうした生感情の豊かな根っこが育つからこそ、学びにおいても仕事においても内発的に活動できるのである。いいかえると、他者との関係によって多方面に張り巡らされた根っこが吸収する養分があるからこそ、「総合的な力」としての「人間力」も発揮できるのではないだろうか。見える力ではなく、見えない根茎と毛根の広がりを丁寧に育てることこそが肝要なのである。

教育人間学というパースペクティブからは、「人間力」というコトバへの違和感が際立つのであるが、次に説明するスペンサー(H. Spencer)の社会進化論を見れば、このコトバの意味する内容に近い教育論が、すでに一五〇〇年も前のイギリスで論じられていたことが理解できるはずである。

スペンサーの社会進化論

近代にはいると、自然を対象化して科学的に認識し、その認識によって自然を支配するという支配知（M・シェーラー）の考え方が一気に広まる（シェーラー［亀井裕他訳、二〇一二］『宇宙における人間の地位』白水社）。支配の対象は、自然だけでなく、病人や精神障害者の識別とその隔離にまで及ぶ。人格や人間性が単なる建前になり、人々が労働力や効用という照明に照らし出される時代になる。子どももそのままに放置されない。しっかりと教育し、開発されねばならない対象になる。

自然の一部や神の被造物としての人間という考え方が崩れ、人格や人間性はドイツ観念論哲学に基づく教育哲学（カント、ヘルバルト、ナトルプ等）では堅持されるものの、アングロ―サクソン系の功利主義の哲学では、その地位が次第に後退してくる。

近代以後、人格や人間性に代わって登場するのが、「自己保存」(self-preservation)というキーワードである。この概念は、一九世紀後半以降、ダーウィン進化論の影響下で広がりをみせる。自然環境の変化に最適化した種が生き残り、そうでない種が淘汰されるという適者生存説を下敷きにして、人間も、自然や社会という変化する環境内で生きのびる生命体と見なされる。スペンサーの社会進化論（ソーシャル・ダーウィニズム）は、その代表例といってよいであろう。

スペンサーによれば、あらゆる知識の価値は、一九頁の図のように五つに分類され、序列化される。

スペンサーの知識の分類学は、福沢諭吉などの明治期の啓蒙思想家にも大きな影響を与えた。福沢の『学問のすすめ』には、天賦人権論だけでなく、諸個人の「自立」(Independence)と経済的自己保存を強調したスペンサー思想の影響の跡が色濃く残っている。

スペンサーに代表されるように、人間存在を自己保存力という「力」に還元して見る思考様式を、機能主義的人間観と呼んでおこう。

機能主義とは、生命有機体が個々の力を発揮して、環境適応を繰り返し、自己保存を行うという〈環境―有機体〉モデルを下敷きにしている。そこでは、生きるという行為は、すべて環境適応による自己保存に収束されていかざるをえない。環境の変化を敏感に感じとり、それへの最適化(optimization)を繰り返していく。

機能主義は、英語でいえば、functionalism であるが、function、つまり、環境の変化に対して最適の反応を繰り返して生存する、という意味では、一元的な環境という考え方が根っこにある。一九九〇年代から続く経済を中心としたグローバリズムは、社会進化論的な〈環

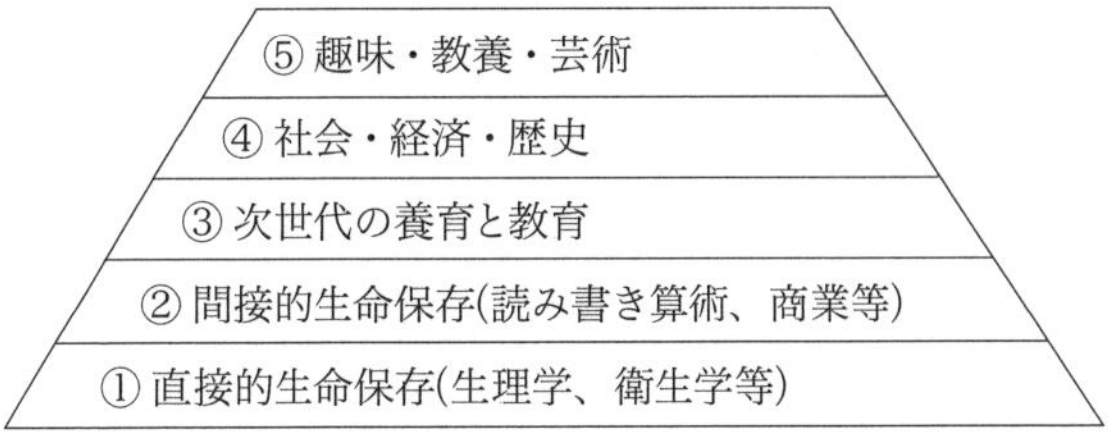

①生理学・医学・栄養学などの直接的自己保存に関する知識。②自然科学・技術・読み書き算術、実業などの間接的自己保存に関する知識。③心理学などの子孫の養育に関する知識、④経済学・政治学・歴史学などの社会関係に関する知識。⑤芸術・文学など余暇に感情を充足させる知識。

下段になればなるほど、より基礎的で「自己保存」に直接貢献する知識であり、上段に上がれば上がるほど「自己保存」から遠のくために、その必要度や重要度は低下する。ダーウィン進化論を下地とするスペンサーの知識の分類学は、当時まだ色濃く残っていた上流階級の古典的教養主義(古代ギリシャ語、ラテン語)志向を徹底的に打ち砕く役割を果たした(スペンサー［三笠乙彦訳、1969］『知育・徳育・体育論』明治図書、20頁)。

境—有機体〉図式と適者生存モデルで人間を見る見方を復活させたということもできるだろう。

情報と経済の急速なグローバル化は、消費者として世界に関わるかぎりでは、私たちに沢山の恩恵、例えば、便利で、簡単で、安価な消費物資を次々と提供してくれる。ところが、私たちが、いったん消費者から離れて生産者の側に回ると、様相は一変する。市場競争という厳しい労働環境下におかれ、低コストでハイ・パフォーマンスを強いられ、終身雇用も年功序列もない「ハイパー・メリトクラシー」の世界で働かざるをえない。この落差はまさに天国と地獄に匹敵するといっても過言ではないだろう。

高度経済成長期までに求められた知的能力や技能の開発だけではすまなくなり、加えてコミュニケーション力、プレゼン力、交渉力、雑談力などといった、まさに「総合的人間力」としか言いようのない「力」の開発が期待されることになるからだ。

そこでは、もはや人格や人間性、他者との豊かな応答や、自己省察などといった悠長なことを考える余地はほとんど残されていないように見える。大学において、哲学、文学、芸術、人間科学といった文科系学部の存続が危ぶまれているのは、先に述べたアングローサクソン型の〈環境─有機体〉と適者生存モデルの世界観が世界中の知的世界を席巻していることの一つの現れであるとも言える。

こうした荒々しいグローバル社会では、とにかくまず変動する社会に適応することが先決で、なぜ働くのか、なぜ学ぶのか、そもそもなぜ生きるのかという、子どもや若者にとって切実かつ根源的な問いが、いつも後回しにされてしまう。そして棚ざらしにされてしまう。

しかし、永い伝統を有するヨーロッパの大学では、嵐のようなグローバリズムからは適度な距離をおき、今は役に立たないとされる学問(哲学、神学など)も安易に切り捨てずに、長期的展望のもとに着実に営まれてきていることも知っておくべきであろう。

第2節　〈力〉の乱開発と〈閉じこもる生〉

ある大学の医学部に合格した学生（一九歳）からの投書が、新聞に掲載されている。タイトルは「医学部に入りはしたけれど」である。本書のテーマに深くかかわる問いかけがなされているので、全文を紹介しておきたい。

「自分の将来が見えない。私は今春、医学部に入学した。それなりの志をもって医学部受験を決めたが、想定とは程遠い環境に、人生の選択をミスしたのではないかと不安である。一年生は専門科目が少なく一般教養科目がほとんどだが、一般教養の方が圧倒的に興味深く、楽しい。また、他学部の学生の方が馬が合う。なぜか医学部の学生とは波長が合わない。自分は医師に向いていないのでは？　だが、医学部生は医師になる以外に選択肢がないようにも感じる。人生の選択をする段階では、その判断が正しいのか分からない。自分の選択が正しかったと思えるように生きたいが、今の状況では可能性が低いと感じている。」（朝日新聞、二〇一五年二月一八日付、東京版）

この学生は、おそらく周囲の期待に応えて、高い学力を獲得し、みごと医学部に合格した。ところが、いざ医学部に入ってみると、教養科目の方が面白く、他学部の学生の方が馬が合うと感じている。自分の進路選択は誤りではなかったのかと、自問自答している。

高校までは、進路のことはあまり考えず、ひたすら学力向上に努めてきた。だが、いざ大学に入ってみると、あらためて自分の適性と進路を真剣に考えざるをえない。この学生は、これまで生活の目標であった学力の向上を中断し、何のために自分は、その力を磨いてきたのかという疑問に突き当たった。自分が医師になるとはどういうことなのか。これまで獲得してきた力を生かして、自分はどのような医師になるのか。いやそもそも自分は何のために勉強してきたのか。どんな仕事をするために学んできたのか。

かつて、こうした若者の問いかけは、アイデンティティ危機と呼ばれ、青年期には、こうした危機を乗り越えて、統合的なアイデンティティを獲得することが望ましいと見られていた時代があった。若者の時期に、ヒトはこうした社会と自己の関係の裂け目に戸惑いながらも、徐々に「社会的な自己」(G・H・ミード)を獲得していくのだ、という社会的自立論である。

しかし、よく考えてみると、ここでは、個人の社会化（socialization）と自立が統合されるべきものと見なされている。人は、単なる私的な自己（me）を卒業して、社会的自己（we→I）に成長していくのだという、予定調和の哲学が潜んでいる。たしかに社会が近代化する時代には、こうした共同幻想も成り立ちえたが、現代は、そうした幸福な予定調和を前提に語ることはできないほど複雑に入り組んだ社会となった。社会化と自立は、現在では必ずしも調和しないとも考えられている。これは、どのようなことなのだろうか。

個人化する若者

社会進歩とそれに支えられた個人の社会的自立を前提とした近代化の時代には、人間という生や実存の問題、生きる意味の模索といった問題は、かなりの程度、働く社会が吸収してきたといってよい。一九七〇年に開催された大阪万国博覧会のスローガン「人類の進歩と調和」が象徴するように、人々の生は、歴史の進歩という共通分母に担われた分子であり、未来社会という輝かしい光が、不確かな生の問題までは見えにくくさせていたからである。

リオタール（J-F. Lyotard）がいう「大きな物語」という大河が、個々人の生きる小さな流れの行き先を大きく包み込んできた。それが、企業社会であれ、労働組合であれ、経済成長と社会進歩への信頼感が、個人の社会化と自立をうまく結びつける暗黙の前提としてはたらいてきた。

ところが、高度経済成長が終わり、ベルリンの壁の崩壊（一九八九年）後に噴出した民族対立と地球温暖化に象徴される気候変動の問題は、社会進歩と輝かしい未来という「大きな物語」の幻想を打ち砕いた。グローバル化の荒波の中で、企業は生き残るために、リストラと非正規雇用者を増やし、個人は、地縁・血縁関係だけでなく、職場という保護集団までも失い、自分の全人生を自分ひとりで引き受けなければならない自己責任社会の到来に直面せざるをえない状況が生まれた。

生きる意味を思想や哲学で模索する思想の時代が完全に終わり、情報化とグローバル化を背景として、いまや経済と情報、それにＡＩ（人工知能）の時代となった。一九七〇年代ころまでの書店の店頭には、思想書や哲学書が平積みされていたが、それに代わって、いまでは、ＩＴ関係の解説書、自己啓発書、そしてマインドフルネスなどの自己治癒本が書店のコーナーの大きな部分を占めるようになった。ＩＴも、自己啓発も、マインドフルネスも、新しい社会を創造するために必要なのではない。変化の激しい社会に追いつくために、新しい情報環境に適応するために、その忙しさで過敏になった神経を鎮めるために、人々は本を読むのである。人々が立つ足元がいつしか不安定になってきたのである。

ある時期から、私たち一人ひとりが、変化の激しい社会に振り回され、社会の中で生きる意味を一人で考え、答えを模索しなければならない状況が生まれた。空白に自分で意味を埋め込まなければならない不安定な生を誰もが抱え込む時代となった。かつて『孤独な群衆（The Lonely Crowd）』（加藤秀俊訳、みすず書房、一九六四年）というアメリカの社会学者リースマンの本があったが、そのタイトルは、今の日本においてこそふさわしい。人々は、乾いた砂粒のようにバラバラに散在しており、自分のことで手いっぱいの互いに無関心な群衆になった感がある。

　社会学者のベック（U. Beck）は、冷戦後の主要先進国の人々の生のかたちを、「個人化」というキーワードで特徴づけている。「個人化」（Individualization, 独語）とは、家族や地域社会、そして職場という共同体の絆がほどけつつある現在、依存する家族や仲間を見失い、すべてのことを自己選択と自己責任で背負わざるをえなくなった現実を言いあらわしている（ベック／鈴木宗徳他（二〇一一）『リスク化する日本社会』岩波書店、二八頁）。

　医学部に合格した先の大学生の事例に戻って考えれば、医師としてのアイデンティティを形成するか、あるいは別の道に進むかという二者択一の帰路に立たされているように見える。しかし、この若者のような問いの地平を、あれか／これかという狭い二者択一の問題に落とし込んではならないのではないか。医師になることの意味がわからないということは、医療という世界への感受性のアンテナがまだ十分には伸びていないということだからである。医療という世界にまず足を踏み入れてみることが必要なのではないか。

感受性のアンテナが感受する意味

意味世界を再構成しつづける人間。現象学の祖、フッサール (E. Husserl) はそれを、志向性と名づけた。志向性とは、人間が内部から生活世界を再構成し続けていく運動である。それは、意味ある世界の一つのまとまり、あるいは構造として立ち現れる。

右記の若者の例を現象学的に読み解けば、こうもいえる。この学生は、医師になりたいという志向性が、まだ自分のからだを内部から突き動かすにまでには至っていない。こうした志向性は、彼が何らかの状況に巻き込まれる経験のなかで生まれる。例えば、彼が、大病や怪我をして、半年間入院したとする。病院で、医師、看護師などから組織的で、献身的な治療を受けるだろう。病気が転移することへの不安。沢山の検査の困難さと苦痛。

手術を受けることへの不安と術後のこらえ切れない痛み。家族の応援。看護師の適切なアドバイス。彼が、ようやく退院できたとする。

医師の手術のお陰、看護師の絶えまない看護のお陰、ある治療薬の開発のお陰で、いのち拾いできたとする。こうした沢山の人々の献身的な医療行為の恩恵をこうむった結果、いのちをとりとめることができた。だから、自分は何としても医師になりたいと思う。これが医学への自然な志向性というものではないか。

医療現場で患者として身をおき、その治療の有難さを身にしみて知ったとき、医師になりたいという志向性が芽生えるのだ。医師になるということが意味あることとして、その生活世界の深部に刻み込まれる。これが、意味生成である。意味は、宅配業者から品物を受け取るように、外から与えられるものではない。外の世界との交流を通して、人の内部から湧き起こってくるものである。こうした志向性に支えられていれば、大学に入り、教養課程で人文科学や社会科学の面白さを知ったとしても、その志向性が揺らぐことは決してないだろう。いや、むしろ、人文科学や社会科学の知識を、将来、医師になった時に患者をより広い世界から理解するための知恵として意味づけ、それらを貪欲に学ぶにちがいない。

要するに、先の投稿者の悩みの由来は、医師になりたいとする願望や欲求が希薄なままに、偏差値が高いがゆえに医学部に入学したことによる足踏み状態が生じているのである。数学や理科の成績はたしかに高かったのかもしれない。しかし、そうした学力や能力は、その人の志向性に応じてしか発揮できない。医師になりたいという願望や欲求こそが数学や理科の力を必要とするのであって、その逆ではないのだ。

学ぶ意味、働く意味、いやそもそも生きる意味というものは、部分的能力とはまるで異なって、コトバで説明されても、納得しづらいところがある。むしろ、自分の心の襞《ヒダ》にストンと落ちる経験や体験をすることが必要なのだ。意味は、あえて言えばコトバではなく、体感するものであるからだ。

例えば、教師になろうとして、教育実習に行き、小学生や中学生が自分の下手な授業につき合ってくれていると感じると、子どもたちのために次はもっといい授業をしようと思う。看護師の卵が、はじめての臨床実習にでて治療の手伝いをし、年老いた患者から思いがけず感謝の言葉をもらう。看護師の卵は、その老人のちょっとしたコトバから、看護師として働く意味を体感するのである。

働く意味、生きる意味は、そこに関わる無数の他者が教えてくれるものであって、自分一人で見出せるものではないのである。「〇〇力」の開発が声高に叫ばれる現代では、働く意味や生きる意味が、力や能力を開発した後でわかるものであるとして放置されがちである。あるいは、与えられた環境で戦う自己が、目標達成や成果を生み出すことが、働く意味や生きる意味と同一視されてしまう風潮もある。人間という存在が、機能に取り込まれて、そこから一歩も抜け出せない仕組みができ上がっている。これは、恐ろしいことではないかと思う。

ノイズを排除する機能合理性

効率化と機能合理性が猛威をふるっているこの時代には、若者の学ぶ意味や生きる意味への問いは声に出すことすらはばかられる。仮に、先の医学部に入った学生のように、小さなつぶやきが発せられても、この声なき声は、忙しく立ち働く大人たちの耳には届かないだろう。それは、なぜか。

それは、生産性と機能合理性で秩序づけられた社会では、順調なシステムをかく乱するノイズでしかないからである。そんなことを考えるヒマがあったら、早く方向転換をしろ。ウダウダ考えていてどうなる。早く次のスタートラインに立て、という大人の苛立たしい声が、あちこちから聞こえてきそうだ。

目的地に向かってジェット機のように高速飛行する近代性（モダニティ）の自己展開。先取りされた目的に対する手段の有効性、最短距離をひた走る目的合理性が、私たちの思考の習慣（ハビトゥス）を強固に形成し、それ以外の視界が見えなくなった状態が長く続いてきた。

朝のラッシュ時の通勤電車の中で、体調を崩して倒れた乗客がいた。それを見た乗客の一人が車掌に連絡しようとしたが、うまく連絡がとれない。そこで、やむを得ず近くにいた女子高校生が緊急停止ボタンを押して、電車が止まった。病人が電車から降ろされるまで、電車は約一五分間停車したままだった。通勤を急ぐ若い男性客がツィッターでこうつぶやいたと言う。なんでガキが緊急停止ボタンなんかを押すんだよ！　これは、新聞記事に載っていた話である。この男性乗客も、時間に余裕があればこのような言葉をつぶやくことはなかったであろう。

先を急ぐ人にとって、その障害やノイズを生じさせる出来事が我慢できないのである。そこに病人がいることを知っていたとしても。一つのシステムに駆り立てられている人間には、その視野狭窄の非情さに気づく余裕がないのだ。

しかし、大事なことは、ただ走ることではない。何のために、どこに向かって走るのかが重要なことなのではないだろうか。生きる上での目的や目標は、私たちが自分の心で感じ取り心の奥底から納得して走り出すことが大切なのだ。歩いてもよいし、場合にとっては休んでも構わない。筆者のいう意味生成とはそのように心の内部から生まれ出てくるものだからである。

第3節　庇護を失った傷つきやすい生

life（英語）、Leben（独語）、vie（仏語）は、いずれも①いのち、生命、②生活、活動、③生、生涯といった意味を合わせ持つ重層的なコトバである。同じ life というコトバでも、医療や健康に関することがらでは、「いのち」や「生命」という訳語が、経済学や社会保障などの社会科学分野では「生活」という訳語があてられる。文学、藝術では、「生」という訳語が充てられることが多い。life, Leben, vie は、いずれも人間生活の全体を包括するコトバであるからだ。

たとえば、医療や社会福祉で語られる Quality of Life（略して QOL）は、「生活」の質と訳される。哲学でも、ハーバーマス(J. Habermas)の語るLebenswelt(独)、life-world(英)は、「生活世界」と訳され、日常性を強調するコトバとして定着してきた。「生活」とは大地に根を張った人々の暮らしを感じさせるコトバである。

これに対して、現象学の創始者、フッサールのLebenswelt(生活世界)やハイデガーのWelt(世界)は、ただ単に安定した「生活」を示すだけではない。むしろ、日常性の裏に潜む不安定な生、庇護を失って傷つきやすい生の問題も抱え込んでいる。だから、Lebenswelt(英訳 life-world)は、そこにポスト構造主義的な「生命」(これも同じLeben, life)と不安定な生を見るならば、「生世界」と訳す方が、日本語として身近に感じやすいのではないか。筆者は別の著書で、この二つの訳語の微妙な使い分けの必要性について言及したことがある(高橋[二〇一四]『流動する生の自己生成——教育人間学の視界』東信堂、九頁)。

「生世界」は、農村共同体の安定した「暮らし」を失い、情報と商品の大量消費によって自己増殖する巨大都市のうねりに翻弄される人々の不安定きわまりない姿をいい表すコトバであるからだ。そこには、依存できる共同体(ゲマインシャフト)や頼るべき共通感覚(コモンセンス、良識)が消え失せている。すべてを自己選択によって手探りしながら生きていかなければならない社会である。激流の中に落ちた一枚の木の葉のように、無力に押し流される感覚がそこにはある。

かつて高度経済成長期に、農村から都市に移住した人々は、古い因習と地縁、血縁関係による息苦しい共同体から抜け出た自由と解放感を味わったはずである。しかし、いま、大都市に生きる人々は、グローバル化した情報と溢れる商品のメニューの中から自分にとって意味のあるモノを選ばなければならない。選択の自由といえば聞こえはよいが、その結果生じたリスクはすべて自分が背負うのである。

さらに、冷戦終結(一九九〇年)後の世界は、資本主義国の勝利であるどころか、民族対立と国際テロの拡散、グローバル化した市場の統御不能、地球温暖化に見られる地球の生態系の破壊、さらに日本では予想を超えた東日本大震災と大津波による福島第一原子力発電所の放射性物質漏れの危機など、まさにベックのいう「リスク社会」の様相を呈してきた(ベック[山本啓訳、二〇一四]『世界リスク社会』法政大学出版局、九一頁)。

未来は決して希望に満ちたものではない。私たちの身近なところから国際社会に至るまで、いつ何が起こっても不思議ではない不安定要因に満ち溢れている。そう考えると、リスク社会における選択の問題は、もはや未来への希望やチャレンジというよりも、むしろハザード・マップを広げて、自己防衛しながらの消極的選択という性格が強くなるだろう。

医学部には入ったが、自分の進路を決めかねている先の若者のように、人は安定した日常生活を送っているように見えながら、一皮むけば不安定で傷つきやすい「生世界」を生きているのではないだろうか。社会が高度化し、力の開発とエンパワーメントが求められれば求められるほど、自立の前提条件すら満たされない若者や高齢者の生が悲鳴をあげるようになる。若者でいえば、不登校、引きこもり、高校中退、非正規雇用、転々とする職歴、高齢者でいえば、万引きに手を染めざるをえない老人や「孤独死」の増加など。

こうした事態は、当事者の無力や努力不足ではなく、傷つきやすい生が自立に向かうための最低限度の条件すら欠落しているケースにおいて多発すると考えられる。小学校一年生のときに学校でいじめに合い、二年生から不登校となった高校生（女性）は、あるインタビューでこう語っている。

Q．「学校に行けなくなった原因を教えて下さい。」

A．「母と二人暮らしなのですが、その母が精神的な病気になり、家事ができなくなりました。洗濯もしないで同じ服を着ていたので、学校に行くと『臭い』とか言われ、友だちもできませんでした。母は毎日『娘がいじめられている』と教育委員会に電話をしました。学校は私を特別扱いするようになり、それがかえっていじめに拍車をかけました。」（公益財団法人、横浜市教育文化研究所編［二〇一六］「JAN、春季号、特集：不登校、学舎は学校だけとは限らない」第五〇号、九頁）

学校に通うことができるのは、その子どもの三重のライフ（life）が満たされていることが必要である。①いのち、生命が健康であること。②経済生活が安定していること。③子どもが生きる生感情が安定していること。この三つの物差しをもって、先の不登校の高校生のコトバを読むと、母親の精神的な病いと経済的な貧困、そして生感情が不安定な中で生きてきたことがクッキリと読み取れる。これは、自己決定と自己責任という狭い枠組みのなかで解決できる問題ではないことは、誰の目にも明らかであろう。

第2章　力の開発か、世界との応答か

第1節　スキル教育への傾斜

スキル教育

吉見俊哉は、一九九〇年代以降の大学改革の流れのなかで、「リベラルアーツ」、「教養」、「一般教育（general education）」の考え方が後退し、代わって、「共通教育」、「コンピテンス」という新しい考え方が登場し、影響力を強めてきたと指摘する（吉見［二〇一六］『「文系学部廃止」の衝撃』集英社新書、九三頁）。「共通教育」には、もちろん一般教育的なものも入るが、それに加えて、コンピュータ・リテラシーや情報活用能力、実践的英語力などの「スキル教育」とでも呼ぶべき内容の科目群が大幅に導入された。

戦後の大学改革の目玉とされた「一般教育」が、現代社会が直面する課題の発見やその解決に向けた総合的な知識、つまり人文、社会、自然という諸科学を総合する知力の涵養をめざしてきたとするならば、近年の「共通教育」は、個々の学生がグローバル社会や情報社会を「生き抜くためのスキル」(吉見)を身につけさせようとするものといえるだろう。

大学教育におけるこうした「一般教育」から「共通教育」への重点移動は、「一般教育」の補強といえなくはないが、ここには重要な地平の転換があることを見逃すことはできない。すなわち、「一般教育」では、前述の通り「現代社会が直面する課題の発見やその解決に向けた総合的な知識」の涵養がめざされており、現代社会への適応よりも、社会の課題の発見やその解決に向けた総合的な知力の育成が求められていた。学習者は、単なるスペシャリスト(専門家)でも、テクノロジスト(技術者)でもなく、未来社会を構想し、デザインする力が求められてきた。ひと言でいえば、人類や社会の未来を構築するための「教養」(ジェネラリスト)が求められていたのである。

ところが、前述のように、「共通教育」の力点は、グローバル社会を「生き抜くためのスキル」というように、既存の現実への適応にある。そもそもグローバル社会とは何か、それは人間生活にとっていかなる意味を有するのか、グローバル社会の功罪は何か、といった総合的視点からの意味の問い返しが欠落している。

一九九〇年代以降、グローバル化する現代社会が求めるニーズ、社会からの要請、キャリア教育、成人の条件などは、シャワーのように若者、学生たちに浴びせかけられてきた。しかしその陰で、未来社会を構想する力や一人一人が生き甲斐をもって生きられる社会をどう創発していくのかという、社会の構想力や哲学的省察（リフレクション）の問題は、すっかり捨ておかれ、忘れ去られてしまった感がある。

戦後改革で登場した「一般教育」の考え方の中には、学習者の人間として全体的、調和的成長の視点が強く盛り込まれており、学ばれた知識や技能は、学習者の内部で咀嚼され統合されて、社会構築の主体となることが前提とされていた。学ぶ意味の構成主体は、学習者の側にあった。学ぶ主体としての学習者の尊厳、畏敬の念とまではいわなくとも、少なくとも意味構成的に学ぶ学習者への大きな期待や信頼がそこにはあったのである。教える側は、学習者の自己学習を援助する脇役であり、あくまでも主人公は学ぶ主体の側にあったことは明白である。

教育コンテンツの修得

ところが、グローバル社会を「生き抜くためのスキル教育」のばあいは、学習者への信頼は限りなく後退する。コンピュータ・リテラシー、情報活用能力、実践的英語力などのいずれをとってみても、教えるべき内容、到達度は予め定められている。学習の順序性に従って、基礎から活用まで系統化され、テキスト化されている。こうしたスキル教育では、教える側（教師）が勝手にその順序を変えることはできない。

ここでは、学ぶ主体と教える主体が授業という場で出会い、やりとりを通して新たなものを創発していくことは想定されていない。授業をつかさどる真の主体は、学生でも教員でもなく、予め提示されたコンテンツ（シラバス）だからである。だからこそ、授業のシラバスでは、「学習者が～を学習する」という従来型の記述に代わって、「学習者に～を学修させる」となる。製造業と同様に、教えた内容が学習者の頭の中にきちんとストックされたか否かの品質チェックがなされる。

さらには、「学習者が～を学修する」という放任的？で「一般教育」的な記述も消えて、「学習者に～を学修させる」というように、教授者の操作能力を前面に押し出した記述が求められる。ここでは、教育内容と教授者の操作性がもっぱら中心になるから、もはや学習者の好奇心や自由な発想、新奇性への展開などは、授業の進行を阻害するノイズのように受け取られかねない。到達の目的地があらかじめ決められているからである。学生や教師が生きて呼吸をしている生世界は介入する余地がないように見える。

吉見俊哉も指摘するように、かつては専門学校で行われてきたスキル教育が、現在の大学の教養課程のかなりの部分を占めるようになった。社会のグローバル化と高度情報化に対応しなければならないという環境条件の変化は理解できなくはないが、実はこの約二〇年間で大きく変化したのは、情報化やグローバル化ばかりではない。地球温暖化による日本近海の海洋生物の生態系の変化、都市への人口集中による過密化、そして逆に地方都市の過疎化と地域商店街の疲弊、年間一四万人にも上る不登校の子どもの数、三万人を超える精神疾患で休職する教員の数など、この二〇年間だけを振り返っても、社会の変貌は筆舌に尽くしがたい。まさに文明的規模のこうした地殻変動を前にして、スキル教育中心の「共通教育」で対応できるのだろうか、という疑問を抱くのは筆者ばかりではないであろう。

文明の大きな転換期とも称すべきいまの時代に必要な教育は、単なる環境適応のスキル教育を超えて、子ども・若者が、これからの社会で学び、働き、生きる意味を、もっと多面的、多角的に構想(デザイン)できる構想力ではないだろうか。与えられた社会への適応や「生き抜くスキル」だけでなく、地球環境や世界の資源問題、北半球と南半球の国々の南北格差問題などを、自分ごととして引き受け、グローバルに考え、ローカルに行動するという学び方や生き方が必要なのではないだろうか。

第2節　コンピテンスを超えて

日本の学校教育と子どもの学びに大きな影響を与えてきたものの一つに、「ＰＩＳＡ型学力」というものがある。ＰＩＳＡとは、Program for International Student Assessmentの略語で、経済協力開発機構（ＯＥＣＤ）が、参加国の一五歳（義務教育修了年齢）を対象に、二〇〇〇年から三年に一度実施してきた学習到達度調査である。この調査では、国、地域、言語、文化という違いを超えて、共通のスタンダードで、生徒の学力調査が行われるが、その学力の中核になるものが、コンピテンス（competence）という新しい概念である。

コンピテンスとは、単に何を知っているか、何ができるかではなくて、与えられた課題に対して、持っている知識（knowledge）や技能（skill）をどれくらい活用（practical use）できるかという達成能力をさす。

ＯＥＣＤでは、さらに、①言語・シンボル・テクストを活用する能力、②知識や情報を活用する能力、③テクノロジーを活用する能力、③他者と円滑に人間関係を構築する能力、

④利害の対立を調整し、解決する能力、⑤大局的に行動する能力などの五点を、キー・コンピテンシー（鍵となる活用能力）と名づけている。

知識、技能の内容ではなく、それを使った問題処理能力にもっぱら重点が置かれているという点が、アメリカ的なプラグマティズムであり、機能主義であることがわかる。知識の意味が、さらなる学問探究の深まりや芸術文化の創造、そのプロセスにおける愉しみに向かうのではなく、あくまでも与えられた課題に役立つ、最適値を見つけ出すという機能主義的枠組みの外に出ることができない。もっと深く知りたい、これまでとは異なった種類の知識を調べたい、新しい学問の枠組みを創造したいといった、たくさんの遊び心やノイズを含んだ創発的な（emergent）探究心は、ここでは期待されていないように見える。

それは、形式論理学やディベートの訓練のように、内容を問わない形式陶冶（formal building）と言うことができるかもしれない。しかし、内容を問わない形式陶冶は、ほんとうに問題解決に「役立つ」のだろうか。

本来、役立つとは、当事者がある状況に直面したときに、モヤモヤしたものを明確化し、問題として自覚し、その対処法に思いを巡らすときに生きて働くことである。つまり、状況を自分の目と心と頭で、もう一度構成し直すからこそ問題がリアルに見えてくるのである。必要なことは、地球の生態系であれ、社会環境であれ、それを問題的状況(problematic situation)として再構築、再構想する柔軟なイマジネーションではないだろうか。

それは、情報処理や活用といったレベルとはまるで異なった、問題の地平そのものを転換させる力といえるだろう。意味世界という地平がまず存在し、その世界の図柄に応じて、問題が浮かび上がってくるものである。問題解決は既存知識の応用によってではなく、問題を成り立たせている図柄(フレーム)の転換と再構築こそが解決の糸口を与えてくれるのではないか。つまり問題状況へのヒトの参加、サルトル(J. P. Sartre)的に言えば、アンガージェ(engagé, 投企)がまず先にあり、問題は、そのアンガージェの深さに応じて立ち現れてくるものではないか。

このアンガージェによって立ち現れてくるものが、意味世界である。意味世界とは、人がこの世界に身を投げ入れることによって、立ち現れてくる内発的な生の図柄である。状況や意味世界は、言語や文化によって深く色づけられている固有なものである。その固有な意味世界で構成される固有な問題を、すべて情報処理的思考で解決できるとは考えられないであろう。

こうした固有の生世界に彩られた状況や意味世界という内容は、ＰＩＳＡ型学力のコンピテンスを問う問題では介入しにくい。内容は、それぞれの言語、文化、民族、宗教など、に深く関わる図柄であるからだ。吉見はこう述べている。

「今日、『コンピテンス』の概念で焦点化されるのは、知の中身よりも活用・処理の技能です。そうした意味では、『コンピテンス』は『教養』はもちろん、『一般教育』よりもさらに実践的な学びを志向しているともいえます。しかしその分、核となるべき『教養』の内実が空洞化しているという懸念も生じています。実践力やプレゼンテーション能力、コミュニケーション力、課題解決力など、実に様々な『力』に関心が向けられていますが、そうしたなかで近現代史を通じて大学が育んできた知識そのものへの関心は減退しているように見えます。」（吉見、前掲書、九五頁）

自然・社会・人文諸科学という視野の広い総合的な知を求めた「教養」観や「一般教育」とは異なって、その活用・処理にシフトしたプラグマティックな実践知の考え方は、主にアングロ―サクソン文明が切り開いてきた功利主義的知識観そのものといえる。しかし、企業マネジメントやプログラミングなどの専門学校であれば当然のことであるが、人間形成や人格形成を第一義と考えるべき大学や学校で、生徒が学ぶ知が、近視眼的な実践知で覆いつくされたとき、当面の利害や効率性を乗り越えて、長期的展望のもとに、地球的規模でこれからの人類の未来を展望し、人類史的規模で新しい未来を切り拓いてゆく「構想力に溢れた知」を有する人間は育つのだろうか、という疑問が残るのである。

第3節　意味を反転させる生の躍動

Education の元の意味

Education の意味を『英英辞典』で調べてみると、大変興味深いことがわかる。それは、知識、技能の開発や職業訓練が中心に説明されており、人格形成や性格形成については言及されてはいないことである。例えば、手元にある『オックスフォード現代英英辞典』(*Oxford University Press, 9th editon, 2015*) の Education の記述を和訳すれば、以下のようである。

「1　教授、訓練、学習のプロセス。とくに知識を更新し、技能を開発するための学校や大学での教授、訓練、学習のプロセス。

2　教授または訓練の特別な種類。
3　教授または訓練にかかわる施設または人々。
4　いかに教えるかを扱う研究の主題。
5　あなたの教訓となる興味深い経験。」

ここでは、Education が、教授、訓練、学習のプロセスとして説明され、広い意味での人間形成、ドイツ語でいうBildung（自己形成とその結果としての教養）のニュアンスがほとんど含まれてはいないことに注意しておきたい。たしかに、田中萬年も指摘するように、「education は能力の開発である」（田中萬年［二〇一七］『「教育」という過ち』批評社、三四頁）とさえ言い切ることも不可能ではないのかもしれない。人格形成や性格形成は、家庭生活と教会を中心としたコミュニティ生活のなかで自然になされていく社会化作用であって、知識・技能の習得を図る学校「教育」にはなじまないと考えられていたのかもしれない。あるいは人格形成は moral education として、「教育」の中の一部と見なされてきたのかもしれない。

いずれにせよ、明治初期の国権と民権がせめぎ合う不安定な政治状況の中で、折衷案として選ばれた Education の訳語「教育」が、「能力の開発」（田中萬年）という英語の限定的意味を離れて、日本では、全人格形成を意味するものにズレが生じたことは理解しておく必要がある。Education は、近代の国民国家成立と学校教育制度の普及とともに自覚されてきた国民統治と能力開発を下地にもつ用語である。それまでは共同体の生活のなかに放置されてきた子どもを学校に入れ、意図的、計画的に子どもの能力を開発することが根底にある。大自然と同様に、開発対象となった子ども。しかし、それは、学校や国家の側に立った見方でしかない。

子どもや若者の側に立って考えてみれば、なぜ学ぶのか、なぜ能力を開発するのかといった意味への問いかけは必然的に生まれ出る。この問いに対しては、社会全体がまだ貧しく、識字率も低い時代には、将来社会に出て仕事にありつくために、という功利主義的な回答で若者は納得できたかもしれない。ところが、高度経済成長を終えて、ある程度豊かさを享受できる時代になると、仕事にありつくために、という回答では魅力も説得力もなくなる時代を迎える。いい大学に入り、いい仕事に就くために、という功利主義に何の魅力も感じない世代が生まれたからである。

働くために学び、生きるという「労働の時代」が終わり、不安定な「生世界」と「意味世界」を生きる「意味の時代」を生きる世代が生まれてきた。この世代は、目的―手段の連続でことが進行する「力の開発」の言説では、納得できない。経済成長や豊かさが分配されることが期待できない時代に、子どもや若者に功利主義を説いても、身を引いてしまうだけであろう。ポスト近代化の社会を生きる子どもや若者の「生世界」や意味世界の問題が浮上してくる理由がここにある。

意味が生成する現場に立ち会う

さきの『オックスフォード現代英英辞典』のEducationの説明で、興味深いのは、最後の箇所で、「5　あなたの教訓となる興味深い経験」とあることである。1から4までは、すべて判で押したように、教える側からの説明であったのに対して、最後にようやく学習者の側に立った説明がなされている。Educationの説明を、教える者の側からではなく、学ぶ者の側から行ったのは教育哲学者のデューイ(J. Dewey)であるが、最後の説明は、まさにデューイの学説に近いと言ってもよい。

しかし、ここでは、プラグマティストのデューイからではなく、現象学の立場から、「あなたの教訓となる興味深い経験」が生じる場面について考えてみたい。この辞典でいう「教授、訓練、学習のプロセス」は、すべて教える側が、意図的・計画的に行う作用といえるが、「あなたの教訓となる興味深い経験」は、逆に学ぶ者の意識のなかに偶然生じる出来事である。前者は、刺激に対する反応という教授・学習理論で説明できるが、後者は、働きかけの結果では全くない。

学習者がある場所に参加し、他者とのやりとりを通して、偶然に生じる出来事というほかはない。新しい出会いや経験が生み出す気づき(awareness)が、ここでは大事になる。私たちのなかに生まれる気づきや学びは、偶然的なものであって、「教え」の結果とは言いきれない。だから、この気づきや学びは、教師の計画的なはたらきかけを超えたもの、天からの啓示にも等しい領分の問題にならざるをえない。それは、どのような場所で生まれるのだろうか。

中学校二年からずっと不登校を続け、一七歳になってフリースクールに通うことで、何とか自分を取り戻すことができたと語る四〇代の女性は、こう回想している。

> 「シューレに来るまでは、だめな私、ゼロ以下の存在という感じだったし、いつも周りの目を気にして生きていたけれど、シューレでいろいろな活動に参加して、仲間ができたことで自分に自信がもてるようになったことは、ありがたかったな、と思っ

ていまず。おそらく登校拒否をしていなかったら、世の中で起こっていることを自分はあまり深く考えずに生きていたんじゃないかと思っています。いろんなことを鵜呑みにせず、『ちょっと待てよ』という感覚は、シューレに入って学んだことだと思います。」（奥地圭子・矢倉久泰編［二〇一三］『僕は僕でよかったんだ』東京シューレ出版、三三頁）

先の『英英辞典』のように、Education の定義が、「知識を更新し、技能を開発するための学校や大学での教授、訓練、学習のプロセス」であるとすれば、彼女は、こうした教授、訓練、学習のプロセスには、なじめなかったということになる。しかし、長いあいだ不登校を続け、一七歳から通うようになったフリースクール（東京シューレ）で、「いろいろな活動に参加」して仲間ができた。こうした活動や仲間との出会いが、「あなたの教訓となる興味深い経験」をもたらしたと考えられる。

さまざまな活動や仲間と出会い、学ぶ意味や生きる意味がごく自然に感受できる場所。こうした場所こそが、まさに意味が立ち上がる場所といえるのではないか。

現在の子ども・若者に最も必要でありながら、最も欠けているのが、こうした学ぶ意味、生きる意味を感受できる場所ではないだろうか。それは、「教え」で固められ、結果を求めて目的合理性でひた走る予備校や学校ではいつのまにか消えてしまった場所である。子ども同士のお喋りや、子どもと教師の何気ない会話など、学習効果という視線からはみ出した余白やすき間のような時間である。ノイズやカオスをたっぷり含み、硬直した生命が息を吹き返すような場所である。管理された秩序や時間に自分を合わせるのではない。生きものの呼吸に合わせてその場の空気が膨らんだり縮んだりするような伸縮自在な場所である。

みんなが同じように行動し、同じような答えを期待される学校でこぼれ落ちた若者が、フリースクールに行って息を吹き返す。自分たちで考え出したイベントや行事を仲間と一緒につくり出す。そこには、成果も評価もない。ただつくることだけに夢中になる。つくる歓びに没入する。この歓びこそが、「つくる」ということが「生きる」ということと同義の生の根源的な営みなのではないか。

「つくる」という行為の歓び

ところが現在の社会では、子ども・若者が、純粋に「つくる」ことの歓びを体感できる場所がなかなか見当たらない。考えてみれば、これは、非常におかしなことではないだろうか。これほど「実践力」や「○○力」が奨励され、「生産性」が求められている社会であるにもかかわらず、ただ純粋に「つくること」の楽しみや歓びを体感できる場所がないということ。それは、現代社会が、ほんとうは「つくる」ことそのものを大切にする社会ではなく、その結果でき上がった商品という交換価値をはじめから追い求める社会でしかなかったことを暗示しているようにも見える。

「つくる」ことを重視し、中世のころから、大工や石工、家具職人や靴職人のマイスターを養成する制度を維持してきたドイツやスイスでは、いまでもそうした数々のマイスターが健在である。これは、マイスターでつくる職人共同組合（ギルド）が、自由な市場競争を阻む既得権益集団になっているとの批判があるなかで、ドイツ政府が規制緩和を最小限にとどめる努力をしてきたからともいえる。これは、第5章で紹介するように、「つくる」ことの崇高さを高らかに謳い上げ、素人にはかなわない職人の技に限りない敬意を注いだ文豪ゲーテ（J. W. von Goethe）を生んだお国柄といえるだろう。

振り返って、私たちは、この日本で若者に職人への道を勧めることができるであろうか。靴であれ、家具であれ、純粋に「つくる」ことが個人経営の仕事として成り立ちにくい現状があるなかでは、若者が希望をもって職人の道を選ぶことは難しいのではないだろうか。

「登校拒否をしていなかったら、世の中で起こっていることを自分はあまり深く考えずに生きていたんじゃないか」と振り返る若者がここいる。「いろんなことを鵜呑みにせず、『ちょっと待てよ』という感覚」は、フリースクールだからこそ学べたとも言う。

これは、まことに皮肉なことではないかと思う。「自分の目でものを見、自分の心で感じ、自分の理性で考える」（ルソー）というリベラル・エデュケーション（自由教育）を、通っていた学校では学べず、フリースクールへ来てやっと学べたというコトバを見過ごすことはできない。彼女は、学ぶことの意味を、フリースクールの仲間たちとの活動の場を通して感じ取った。彼女にとっては、フリースクールが、そうした学びの意味を感受できる意味場（meaningful space）となった。若者にとっては、他者と出会い、関わりあう活動の場所こそが、学びや生きる意味を感受できる場所であるのだ。中学二年から不登校になった別の女性は、過去をこう振り返っている。

「不登校の経験からマイノリティーということを意識しながら、社会に発信していきたいと思っています。そして自分の感情をそぎ落とすような働き方はしたくない。（中略）不登校ということが私の人生にとっての原点で、これは死ぬまで変わらないことだと思います。今の日本の教育が変わらないことが関係あるけれども、不登校によって、頭で考える以前に自分の感情が『これは違う』と拒否することは、自分が生きる上で大事なバロメーターだろうと思っています。シューレはそういうことを後押ししてくれた場所だと思っています。」（前掲書、一四一頁）

この女性もいうように、日本の教育では、「頭で考える」ことが重視されている。しかし、それによって「自分の感情」がそぎ落とされてしまうこともしばしばある。「頭で考える」以前に自分の感情が「これは違う」と拒否するときには、感情の声を聴くことも大事である、と若者は気づく。これは、身勝手な感情論と一緒にはできない事柄である。なぜなら、彼女は、自分の感情を他者にわかるようにきちんと説明しているからである。感情がコトバによって冷静に整理されている。そして学ぶ意味や生きる意味というものも、こうした生感情や感受性に根ざして生まれ、コトバ化され、その人生を支えるものとなる。

私たちの学びや仕事は、制度によって安定化させられている。哲学的人間学研究者のゲーレン（A. Gehlen）がいうように、人の生そのものは、もともと不安定極まりない流動性そのものとしてある（ゲーレン［亀井裕他訳、一九七〇］『人間学の探究』紀伊国屋書店、六六頁）。そのカオスのような流動体に秩序（ノモス、法）を与え、一定のかたちを与えるのが社会制度にほかならない。放っておけばカオス化せざるをえない人間という生の流動体に、制度は、無駄なくスムーズに流れるかたちを与えてくれると考えられる。

すべての子どもに学びの機会を均等に保障する場として学校があるはずで、公教育とは、子どもたちの学ぶ権利を公的に保障した制度といえる。しかしながら、制度が長く続くと、制度を生み出した発足当初の高邁な精神が薄れ、硬直した制度の独り歩きがはじまる恐れがある。

ましてや効率化や学習効果が強く求められる時代になると、子どもという生は居場所を失い、息苦しさで酸欠状態の金魚のように、水面近くでプカプカと酸素を吸いはじめる。学校空間の息苦しさの感じ方はそれぞれの子どもによって異なるだろう。大人から見れば、ちょっとしたことで不登校になる子どもたちは、微細なガスの流出にも反応する炭鉱のカナリアのように考えることもできるのではないか。不登校の子どもが増えれば、学校外のフリースクールやホームスクール、あるいは若者の自立支援施設のようなところでの学びの拡充も制度的に承認される必要が生じるのである。

第3章　生命の哲学——「生あること」の不思議

第1節　機械モデルと生命モデル

総かり立て体制というニヒリズム

力の開発が自己目的となり、人間が何らかの力や能力をもつことで評価されるようになった由来を遡れば、ベーコン（F.Becon）の「知は力なり」（"scientia est potentia"ラテン語、"knowledge is power"英語）という有名な言葉に行きつく。それ以前のヒトは、ベーコンのいう因習や偏見（イドラ）の世界に生きていた。しかし、因習や偏見、そして魔術などの神がかり的なものに依存するのではなく、もっと客観的で科学的な方法に基づいて出された事物の法則や観察結果に基づいて判断すべきであるという近代的認識論の成立がそこにはある。デカルト（R. Descartes）の「探求の方法」がそうであり、ニュートン物理学に基づく力学的世界観の成立が、この科学的方法の社会的拡大を後押しした。

「魔術からの解放」(Entzauberung)というウェーバー(M. Weber)の有名な言葉は、まさに因習や偏見を排し、科学的方法で認識するという思考の変化を象徴している。近代科学は、対象を最小の単位にまで分割して観察し、その性質や動きを法則的に明らかにすることで、対象を客観的に認識し、確実に操作できる力を獲得すると考えられてきた。しかし、ここでは、動く世界をいったん停止させなければならない。そうしなければ、対象を分割し分析できないからだ。

生きて動いている世界を、いったん静止画像のようにピン止めし、対象をモノとして認識する方法を確立したことで、近代科学のみならず、対象を支配し操作する技術(テクノロジー)も飛躍的に向上した。いまや世界の先進諸国は、機械、原子力エネルギー、人工知能(AI)によって、実に高度な近代文明を作り上げたが、その中核をなすのが生産システムである。第一次産業(農林漁業)から第二次産業(製造業)に移行する近代化(modernization)の過程で、生産性を向上させるシステム化が急速に発展してきた。さらに第三次産業の情報通信技術の発展が加わり、コンピュータの自動制御装置によって、都会の通勤電車は秒単位での発着が可能になり、私たちはたしかに便利で快適な社会に暮らすようになった。しかし、近代化の過程で飛躍的に向上した生産システムは、私たちの日常生活の細部にまで影響を与えてきていることは、あまり自覚されてはいない。

自然の内に眠る豊饒な資源（resources）を、「自然を拷問にかけて」（F・ベーコン〔桂寿一訳、一九七八〕『ノヴム・オルガヌム―新機関』岩波文庫、原著の出版は一六二〇年）絞り出すという近代科学と技術の思考方法は、知らずしらずのうちに人間自身にも及ぶことになる。子どものうちに眠る豊かな資質や能力を放置せず、国家建設や殖産興業に役立てるという考え方は、明治初期の政治家や実業家であれば、魅力的に映ったに違いない。

身分制度でがんじがらめに縛られていた時代を生きてきた人々にとっては、出身階層や身分に関係なく素質や能力を開発できるということは無条件によきことであったはずである。それは、不合理な身分制度を崩壊させ、機会の平等を保障する社会進歩に他ならなかったからである。

ところが、『進歩がまだ希望であった頃』（平川祐弘の著書名、副題は「フランクリンと福沢諭吉」、講談社学術文庫）は、筆者の考えでは、ほぼ一九七〇年代に終わる。科学とテクノロジーの飛躍的発展の結果、大自然ばかりでなく、社会の隅々にまで開発と利用の手が及び、現在では、ありとあらゆるものが利用可能な資源として扱われ、その潜在力が引き出される時代となった。そして、人間そのものも、あるがままの状態では承認されない。すでに述べたように、開発された力や能力によって評価されるメリトクラシー社会が出現した。現在では、さらに過酷な「ハイパー・メリトクラシー」(本田由紀)状況にあることは、すでに述べた通りである。

哲学者のハイデガー(M.Heidegger)は、すでに一九六〇年代に、この時代の趨勢を「世界像の時代」と呼び、世界のありとあらゆるものが開発対象となり、モノとして仕立て上げられる状況に警鐘を鳴らしている。この地上にあるあらゆるもの、自然や生きもの、そして人間さえもが、あるがままの存在(Being)では認められなくなった。すべてのものが、利用可能なモノに仕立て上げられ、「目的—手段」という道具連関の中に組み込まれてきたことを、ハイデガーは指摘している。これは、役に立たないものは、存在価値すらないかのように見なされる社会の到来を予言している。ハイデガーは言う。

「人間自身が、自然エネルギーをむしり取るようにと、とうに挑発されているからこそ、徴用して顕現させるこのはたらきが生じうるのです。人間がそうするようにと挑発され、徴用して立てられているのであれば、人間もまた、徴用して立てられた物資に属しているのではないでしょうか。しかも、自然よりもいっそう根源的に属しているのではないでしょうか。その証拠に、人材（Menschenmaterial）つまり人的資源という言葉が世に流通していますし、臨床例（Krankenmaterial）、つまり患者も資源のうち、といった言い方すら病院ではまかり通っています。」（M・ハイデガー［森一郎編訳、二〇一九］『技術とは何だろうか―三つの講演』講談社学術文庫、一一七―一一八頁。傍点は引用者のもの。原著は、一九五四年に出版）

ここでは、自然ばかりでなく、人間さえもが、さらに驚くべきことには、病院の患者さえもが徴用の対象となり、人材や資源として何らかの役に立つ有用なモノ（市場価値）であると見なされる状況が指摘されている。自然や人間というあるがままの存在（Sein）をそのままに放置せず、「徴用物資」として開発する世界への関わり方を、ハイデガーは、「ゲーシュテル」（総かり立て体制）と呼ぶ。

「人間を取り集めては、おのずと顕現するものを徴用物資として徴用して立てるようにさせる、かの挑発する要求のことを、――ゲ－シュテル（**Ge-stell**）つまり総かり立て体制と呼ぶことにします。」（前掲書、一二〇―一二一頁）

ここで、「総かり立て体制」と訳された Ge-stell とは、ハイデガーに独特の用語である。これは、ドイツ語の動詞 stellen（立てる、配置する、用意する、の意味）の受動態で、しいて訳せば、「用意されたもの」となる。開発技術を通して自然や人間のもつ資源を限りなく「徴用する」という態度は、ハイデガーにとって、単に世界の有用化と収奪化を進めるに止まらない。それは、存在を利用という価値尺度で一元的に固定化し、ピン止めしてしまう。そして、もともと存在そのものに属していた固有性や本来の姿を、厚いヴェールで覆い隠してしまうという結果をもたらす。

そのことが、「存在忘却」（Seinsvergessenheit）の極まった事態を招く。人々は、自分の故郷（存在）を忘れて、ひたすら「開発のために開発する」というニヒリズムを突き進むことになる。これが「総かり立て体制」という特異な言葉に込められた深い意味である。ハイデガーにとって、近代産業社会とは、自然資源や人的資源の開発と活用で一元化にシステム化されたニヒリズムの社会なのである。

自然も人間も、何らかの利用価値を示さなければ存在を承認されなくなった社会。無垢の存在そのもの（Sein）には、何の意味も価値も見いだせなくなってしまった現代社会の病理を、ハイデガーは独特の語り口で指摘したのである。

ハイデガーは、同時代の動物行動学者であるユクスキュル（Y.von Uexküll）の動物と人間の違いに関する研究から大きな影響を受けたと言われている（木田元［二〇〇〇］『ハイデガー「存在と時間」の構築』岩波書店）が、近代科学と技術が覆い隠した存在そのものの本来の姿を基礎的存在論の立場から開示しようとした。

動物は、各々の種によって先天的に異なる閉じた環境世界（Umwelt）の中で一生を過ごすが、人間は、それぞれの言語や文化によって縁どられた「世界」の中で生きている。この「世界内存在」（In der Welt Sein）としての人間は、動物とは異なって、外部からの刺激に対して個々バラバラに反応するわけではなくて、あらかじめ意味的に構築された「世界」（Welt）という色眼鏡を通して外部と関わりあう。この「世界」は、動物の「環境世界」とは異なり、先天的に与えられた本能的なものではなく、新たな経験（Erfahrung）を通して何度も組み換えられていくものである。

「世界」は、固定せず、つねに流動しつづけ、新たな経験をきっかけに自己脱皮し、生成していくものである。つまり言語や文化によって構築された「世界」を背負いつつ、何度も脱皮をくり返し、再構築し続けながら生きていく存在、それが人間だということになる。しかも、さらに大事なことは、ヒトは自己が死をもって終わる「有限な存在」であることを自覚している。この点でも、ヒトと他の動物との違いは際立っている。ヒトは、それぞれの経験を通して構築された「世界」の中に生き、しかもその「世界」には終わりがあることを自覚している存在なのである。

機械モデルと生命モデル

ここで、近代科学と技術によって構成された世界観を機械的世界観と呼び、ハイデガー以降の存在論と生命論によって構成された世界観を生命的世界観と呼ぶことで、世界に対する二つの見方の違いを対比しておきたい。機械的世界観から生命的世界観へのパラダイム転換については、ニーチェの近代科学批判を経由してハイデガーの存在論、そしてベルクソン、西田幾多郎、ドゥルーズ、プリゴジン、清水博等の研究があげられる。ここでは、プリゴジン（I. Prigogine）が来日し、基調講演「生命論―自己組織化のパラダイム」を行った後のシンポジウムでまとめられた二つの世界観の対比表を次頁に紹介しておこう。ただし、原著では、⑦の左項目は「他者としての世界」であるが、筆者の考えで表記に改めた。また、①の対照項目は、原著にはないが、わかりやすくするために筆者が加筆したものである。

	機械的世界観	生命的世界観
①	理性による世界の認識	生(感情)※による世界の解釈
②	静的な構造	動的なプロセス
③	設計・制御	自己組織化
④	連続的な進歩	不連続の進化
⑤	要素還元主義	全包括主義
⑥	フォーカスの視点	エコロジカルな視点
⑦	外部としての世界	自己を含む世界
⑧	制約条件としての世界	世界との相互進化
⑨	性能・効率による評価	意味・価値による評価
⑩	言語による知の伝達	非言語による知の伝達

※「生感情」は、現象学に特有の表記で、ドイツ語の ”Lebensgefühl“の訳語である。日常性が醸しだす生命感情や気分などの意味で使用している(参照。ボルノウ[藤縄千艸訳、1973]『気分の本質』筑摩書房、20頁)。

出典：西垣通・西山賢一・松井孝典・田坂広志編(1993)『生命論パラダイムの時代』ダイヤモンド社、22頁。

この対比表が田坂広志（日本総合研究所、当時）によって提案されたのは一九九三年で、二六年も前のことである。しかし、その後の哲学や生命諸科学の著しい進展をみれば、こうした生命論パラダイムの登場が、近代的な機械的世界観を乗り超える重要なパラダイムの一つとしてはたらいてきたことは否定できない。この対比表は現在でも有効であるどころか、力の開発と効率・機能主義に陥りがちな現代文明の諸矛盾を直視して考え直す際には、たえず振り返るべきスタート地点でもあると考えられる。

とりわけ、教育によって人間の力や

能力を開発するという③「設計・制御」の思考方法から、人間という生命体の自由な活動を解放し、その自己展開と相互調整に委ねるという「自己組織化」へのパラダイム転換は、これからの日本の教育を考える上でも大きな示唆を与えてくれるのではないか。また、⑨「性能・効率による評価」から「意味・価値による評価」への転換も、さまざまな能力をバラバラに磨くのではなく、その人の意味充実や自己実現への「願い」をたっぷりと膨らませることで、内発的に自己学習が進む方式への転換が示唆されている。

さらに、⑩「言語による知の伝達」ではなくて、学習者が何らかの状況に参加することによって知が「非言語」的に伝わってくることも示されている。このように、現代は、機械的世界観から生命的世界観への大きな文明的転換期にあるといっても過言ではない。この自覚に立って、以下の記述をすすめていきたい。

第2節　〈目的―手段〉の連鎖をすり抜ける

目的―手段的思考の落とし穴

本書を執筆するきっかけとして、昔、中学生からの「先生はなぜ勉強するのですか?」

という問いかけに、うまく答えられなかった苦い思い出があることを冒頭に記した。「なぜ〜するのか?」「なぜ〜があるのか?」という問いかけに対して、私たちは、つい「〇〇のためだ」という答え方をしてしまう。当時の私も、こうした発想でしか答えることができなかった。ある行為の意味を「〇〇のためだ」という未達成の未来の目的で説明する仕方を、「目的―手段的思考」と呼んでおきたい。

この「目的―手段的思考」にいったんはまってしまうと、すべてのことが、「〇〇のため」という手段や道具の意味しか与えられなくなるのであるが、この思考から抜け出すことは、実はなかなか難しい。

たとえば、朝起きるのは、仕事や学校に行くためだし、朝食をとるのは、栄養補給してしっかり働けるため、服を着るのは、体温保護のため、電車に乗るのは最短時間で通勤や通学するため、駅から走り出すのは時間が間に合わないため……。今という時は、未来の目的達成のためにある。だから、エンジンをかけた状態で駐車しているタクシーのように、いつでもからだが発進できる準備態勢にある。前にのめり込むような待機状態の心と体。

「時は金なり」というフランクリンの言葉を知らずとも、私たちは、いつしかお金と同じように、時間を無駄にしないようにしつけられてきた。もちろん、これは、森鷗外が、日本は、いつになってもせわしなく「普請中」が続き、安心できる家などは決して完成しないのだ、と喝破した明治期以降のことである(森鷗外(原著・一九一〇年、一九六二)『普請中』日本現代文学全集、講談社、八二頁)。

しかしながら、今という時は未来の目的達成のためにある、という未来志向の直線的な時間感覚は、西洋のユダヤ・キリスト教を経て、近代産業社会に広がった西洋に特有の時間感覚ではないか、と真木悠介は言う(真木[一九九〇]『時間の比較社会学』岩波書店)。とくに、宗教改革を通してキリスト教が個人主義化されることで、それまであった共同体の絆が崩れ、分業が広がった人々を新たにつなぐものとしてデジタルな「時間」が登場した。都市部では時計屋が繁盛し、商人たちはこぞって懐中時計を身につけるようになる。

一八世紀はじめ、時計職人の子としてスイスのジュネーブに生まれ、若いころに時計職人の親方に弟子入りしたことのあるルソー(J.-J. Rousseau)は、大人になってからも非社交的で、対人関係の時間よりも自然のなかの一人の時間を好んだ。都会の合理性よりも自然のなかの静かな永遠を好んだルソーは、大自然の中にある孤独に身を寄せ、コンサマトリー(自己充足的)で永遠な時間を感受する近代人であった(ルソー[長谷川克彦訳、一九六六]『孤独な散歩者の夢想』角川文庫)。

自己充足の時間

先住民族が暮らす地域や発展途上国、いわゆる「未開」と称される地域では、時間の流れは決してデジタルではない。日本でも幕末までは、十二支で時を表していた。十二支という動物と同じ生きものの時間感覚で、日本人の暮らしが成り立っていたのである。

そう考えると、子どもたちは、まだ近代的時間に躾けられていないから、コンサマトリー（自己充足）な時間を生きているといえるかもしれない。朝起きるのは、何か楽しいことがありそうだから起きるのだし、朝食をとるのは、母親の焼いたハムエッグが美味しいからだと、小学生なら思うかもしれない。子どもは未熟だから、今という時間そのものを生きているのだろうか。決してそうではない。子どもは、近代社会のシステムに社会化されていないから、原初の身体感覚で生きていられるからこそ、今という時をそのまま楽しむすべを知っているのであろう。

親や教師が、「子どもからエネルギーをもらう」と感じるのは、原初生命体としての子どものからだが、既成の文化で定型化された大人のからだに揺さぶりをかけてくるからではないかと考えても、あながち間違いではないように思う。大人のなかの定型化された生命が、子どもが発信する原初の生命の息吹に共振して息を吹き返すのである。

　農業や牧畜で生きてきた時代、家族、地縁、血縁的共同体の内部で人々が生きていた前近代社会では、労働は主に植物（米や麦、野菜）や動物（牛馬、羊）が相手であったから、米や麦、牛や馬という「生命の時間」に合わせて働くしかなかったであろう。だから、四季の変化と農作物の成長、家畜の世話で時間が過ぎていく。生命体としてのヒトのからだに、時間が不自然なストレスを与えることはなかったと考えられる。つまり、ヒトは自然のサイクルの中に生きていたから、時間が独り歩きして、それに追いかけられる生活とは無縁だったのではないだろうか。

「晩鐘」の夫婦の時間

　一日の終わりに畑で帽子を脱ぎ、沈む夕陽に手を合わせている農民夫婦の絵（ミレー「晩鐘」）を見ると、時間に追われるあわただしさは感じられない。農耕牧畜社会では、自然と共同体の時間の中に人が溶け込んでいるから、時間が独り歩きすることはないのだ。動植物が相手では、飛躍的な生産性の向上といったことは、はじめから考えられないからである。

　ところが、鉄製品等を工場で作るようになると、人々は共同体の織りなす時間や生命の時間から徐々に抜け出すことになり、生産性の向上を目ざした等質的でデジタルな時間のなかに住むようになった。こうした意識の変化を、真木悠介は、「時間化された生の全社会的な浸透」と指摘する。真木はいう。

「まず工場と官庁が、次いで学校が、最後に放送、とりわけテレビジョンが、近代人の〈生活の時間化〉の領域を順次拡大し、密度を細密化していった。近代における国民的な義務教育、『普通教育』の主要な機能が――少なくともその潜在機能が――教科の内容自体よりもむしろ、時間的に編成され管理された生活秩序への児童の馴致にあるということを、すでに幾人かの著者は指摘している。それはこの社会の主要な職業形成の要求する生活の時間化を、就労以前の時代の大半にまで延長する。」（真木［一九九〇］『時間の比較社会学』岩波書店、二七〇頁。傍点は原著）

私たちは、デジタルな時間が客観的で、何かに没頭して時の経つのを忘れる時間を主観的だと考えがちであるが、それは必ずしも正しくはない。デジタルな時計時間は、生活共同体を喪失した近代人の絆を回復する「共同幻想」として感じられているものに過ぎない。

相対性理論を待つまでもなく、時間は客観的に存在するものではない。それは、モノの生産と流通、情報の交換のスピードがもたらした近代人に特有の「共同幻想」の産物といってもよいものである。しかし、社会の発展から生み出された約束事（フィクション）としての時間が、現在では人々の意識や行動を拘束するまでに至っているのである。小林康夫はこう言う。

「『力』という概念をもとに世界を統一的に記述した物理学的世界観こそ、システムの原型です。そこには、意味というものはない。システムは、意味不在です。意味を考慮しない。別な言い方をすれば、そこでは、意味などというものは、すべて計算可能な、つまり決定可能な値に還元されてしまっている。」（小林［二〇一五］『君自身の哲学へ』大和書房、一八四頁）

「目的―手段」の連鎖の中に投げ込まれると、真木が指摘した工場、官庁はもとより、学校までもが、このシステム思考の中に取り込まれてしまう状況が生まれる。自動車工場であれば、高品質の車を製造するという目標を立て、各部品も完成品も目標通りの車を完成させることは十分可能であろう。官庁も、住民の意思に沿った行政サービスを行うという方向で目標を立てることは不可能ではない。しかし、学校はどうであろうか。

学校教育目標の具現化ということが、一九九〇年代以降言われてきたが、学校教育の目標を仮に「主体的に生きる子どもを育てる」とした場合、学校生活全体でこうしたシステム化がはかられたとしたら、そこで育つ子どもは主体的とは言えないのではないか、というパラドックスに突き当たってしまう。主体性とは、厳密に言えば、外部からの刺激や援助なしにおのずから行為の決定がなされる状態をさすからである。目的―手段というシステム思考を教育の分野にまで広げてしまうと、人間という生そのものにもシステムの網をかぶせて、コントロールしようとする危険に陥るのではないだろうか。

教師は、子どもと一緒に学び、生活する中でししか、「主体性」という意味を感得させることはできない。「目的―手段的思考」やシステム思考は、外部から対象を統御する思考であるから、自動車や通信技術などの製造業や通信部門では有効でありうる。しかし、子どもや若者の生活や学びという、自己組織化する生の内部にまで、つまり人間の育ちにまでにこれを持ち込むと、右記のようなパラドクスや矛盾が生じることになる。

主体性も生きる意味も、これらは情意系（つまり非認知系）の無意識レベルの生のありようなのであって、上質の自動車を造るようには作れないものなのである。くりかえし述べてきたように、子どもや若者は、モノでも資源でもなく、自己組織的に生きる感度の高い生命体なのであって、ある活動の場所に参加して、そこで数々の大人や仲間たちの「主体的な」振る舞いを目の当たりにし、そのように振る舞うことに喜びを感じることがなければ、決してそのようにはならないからである。

親や教師が「主体的に」生きていない場所で、子どもだけが「主体的に」活動するようになるなどということはあり得ない。なぜなら、主体的に生きるということは、情意と行動系の事柄だからであり、そうした手本に囲まれていなければ、子どもはそれを模倣習得できないからである。

単なる指導や教訓、教師のコトバなどによっては、主体性は生まれないものである。それは、「主体性」が伝わる場所が自然に生み出すものであって、意図的操作によって作り出せるものではないからである。

第3節　システムをはみ出す生の自在

すでに述べたように、自然科学の世界では一九六〇年代後半から機械的世界観から生命的世界観へのパラダイム転換が生じ、これによって地球科学、生命科学、環境科学、人間科学、医療、福祉など広範な分野で、学問や技術の各分野のパラダイム転換が進行してきた。それは、かつての超越論的理性による物理的世界の対象化と支配、地球資源の開発と利用、そして飢えや渇きといった「欠乏欲求」を満たすためのエコノミカルな地球環境の収奪という近代的パラダイムの限界を乗り越える運動ともいえる。

ローマ・クラブの委託により、マサチューセッツ工科大学のD・H・メドウズ、D・L・メドウズらが、一九七二年に提出した研究報告書「成長の限界」(The Limits to Growth)は、当時、大きな反響を巻き起こしたが、まさにこうしたパラダイム転換の先駆けをなすものであった。この報告書では、一九六〇年代のような人口増加率と経済成長率が今後も持続するならば、世界的な食糧不足、資源の枯渇、環境汚染の増大によって地球と人類は一〇〇年以内、おそらくは五〇年以内に成長の限界をもたらすであろうと警告した。

本報告書が大きな転機となって、環境保護の運動が世界的に起こり、生命体としての人類の地球への依存、そして地球の生態系を破壊しないエコロジカルな世界の再構築という環境保護運動が大きな広がりを見せてきた。

また、二〇一五年に、国連サミットで採択されたSDGs「Sustainable Development Goals（持続可能な開発目標）」の考え方は、こうした世界観の転換に立脚していることは明らかである。これは、日本を含む国連加盟一九三か国が、二〇一六年～二〇三〇年の一五年間で達成するために掲げた目標である。

地球をモノとして対象化し、その資源を無限に開発するという機能的合理主義の限界がようやく全世界的に認知されてきたわけである。とはいえ、高い経済成長率の堅持や自国中心主義の立場にたつ米国のトランプ大統領のように、地球温暖化を認めない政治指導者もいまだにいて、「開発」による地球資源の収奪、支配と地球生態系の「持続可能」推進運動とのせめぎ合いの状況はしばらく続くであろう。現代は、開発中心の時代から生態系維持の時代へのまさに大きな過渡期といえる。

この二つの世界観の違いを図で示せば、次のようになる。

A 機械的世界観

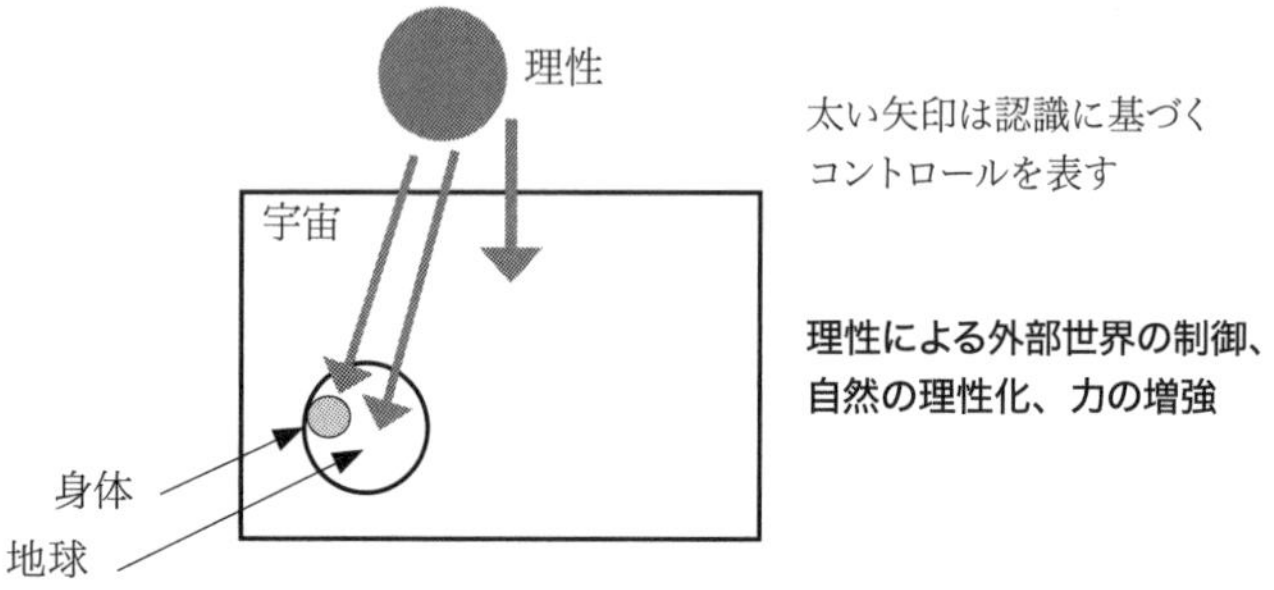

B 生命的世界観

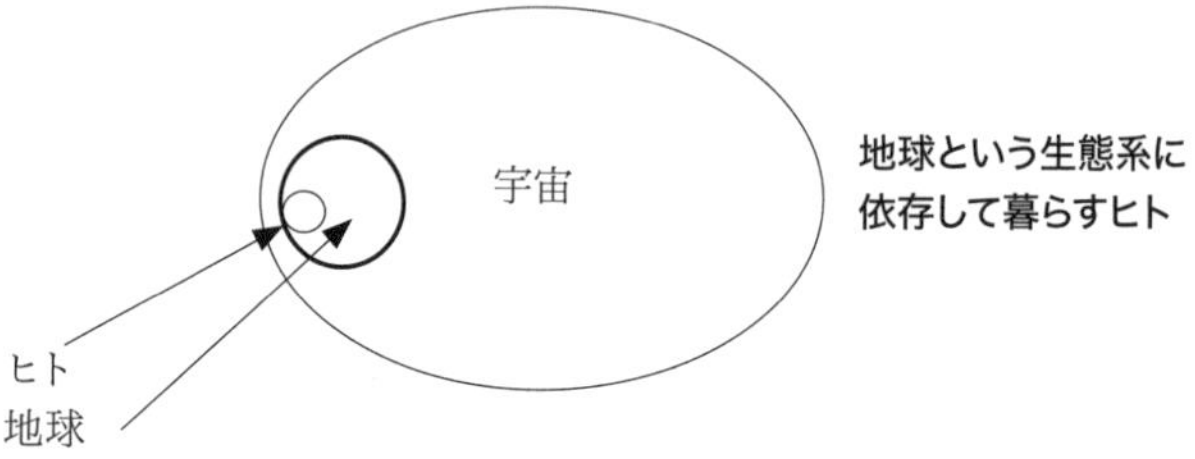

この二つの世界観の違いで重要なのは、Aでは、人間の認識能力としての純粋理性(reason)に特権的な地位が与えられており、それは混沌とした外部世界(カオス)に秩序(ノモス)を与え、世界を合法則的に把握する力が(神から―デカルト)人間に与えられているとみなす点である。人間の身体(body)は、機械モデルで説明され、その機械をコントロールする力が理性にあると見なされる。デカルトは無論のこと、ニュートン物理学の影響を受けたカントの純粋理性の考え方も、こうした心身二元論が前提にされている。理性には、身体や地球環境には左右されない超越的・普遍的権能が与えられている。

しかし、二〇世紀に登場した現象学は、人間は何よりも先ず生命体として生を持続させており、生を持続させる基盤としての人々の日常性を「生活世界」(Lebenswelt, life-world)と名づけた。この生活世界には、宇宙も、地球も、山河も、町の街路樹も、わたしの家の庭の樹木もすべて取り込まれる。ここでは、ヒトは、世界を外部から観察したり、認識したりするのではない。ヒトは世界の中にあり、世界と関わりあい、その関わりあいを母体にしてそれぞれのパースペクティブのもとで世界を理解し、解釈していると考える。フッサールのいう「生世界」も、ハイデガーのいう「世界内存在」も、世界のなかに住み込む人間を言い表しているという点では、共通の生命的世界観の土俵にある。

世界と関わりあうなかで、それぞれの言語・文化圏によって異なる解釈が生まれる。同じ虹を見ても、その理解の仕方は言語・文化の違いによって異なって見える。日本人は虹をふつうは七色で見るように文化的に躾けられてきた人が多いが、アメリカ、カナダでは六色に見る人もいる。中国では、五色に見える人が多く、ロシアでは四色に見える人が多いと言われる（瀬戸和信［二〇一六］『クリエイティブ思考の邪魔リスト』朝日新聞出版、一九四頁。ガイ・ドイッチャー［椋田直子訳、二〇一二］『言語が違えば、世界も違ってみえるわけ』合同出版、二二三頁）。

世界をそれぞれに解釈する生

同じものを見ても、こうした違いが生じるのは、ヒトは普遍的な純粋理性で虹を見ているわけではなく、それぞれの言語・文化によって構成された「生活世界」という色眼鏡を通して虹を見ているからにほかならない。ニーチェが指摘したように、人間は世界を客観的に「認識する」のではなく、世界と関わり合い、世界を遠近法的に「解釈している」と言うべきなのである。この「生活世界」や「遠近法」（パースペクティヴィズム）というフィルターこそが、まさに言語や文化という「意味」によって縁どられた世界に他ならない。

このことは、世界における人間の特権的地位が崩壊することにつながる。先に紹介した動物行動学者のユクスキュルによれば、人間は、それぞれの世界(Welt)に住んでいるが、動物は、それぞれの種に応じた「環境世界」(Umwelt)に住んでいる。犬には犬の環境世界が、ダニにはダニに独特の「環境世界」があり、それぞれの種によって世界が異なって見えるからこそ、無用な衝突が避けられるのだと言う(ユクスキュル[日高敏隆他訳、一九八八]『生物から見た世界』思索社、八一頁)。

それどころか、ハイデガーによれば、人間は自然や他の生命体に対して特権的な地位を持たないだけではない。他の動植物がすべてそうであるように、ヒトを含めた生命には限りがある。他の動物は自分がいずれ死ぬことを自覚していないが、人間だけはそれを知っていて生きている。日常的世界では、死は覆い隠されていて見えず、ヒトは道具連関の中で忙しく立ち振る舞って生きている。しかし、いったんその道具連関から身を引いて、未来ではなく、永遠を感じとると、孤独と死の不安がヒトに忍び寄る。

ほかの動物は、すべてあらかじめインプットされた本能に従って生きている。寿命が来れば死を受け入れる。ところが、意味世界に生きているヒトだけは、死刑執行を待つ牢獄の死刑囚のように、その時が来るのを知りつつ生きている。何らかの不慮の出来事によって、日常の道具連関から抜け出したヒトが直面するのは、自分がこの世に在ることの不思議さと死の不安であるとハイデガーは考える(ハイデガー〔原佑訳、一九七一〕『存在と時間』中央公論社、四一〇頁)。

死は、あらゆる力、能力、財力や地位を無意味化するものである。力の開発とコントロールのシステム思考では、生きる意味ははじめから排除されているから、ヒトの生死の問題は視野の外にある。しかし、考えてみればすぐにわかることであるが、力の開発やコントロール・システムは、いずれも人間存在の基本的欲求(生存欲、性欲、睡眠欲)や欠乏欲求(衣食住)を満たすための道具に過ぎない。こうした道具を磨き上げることが勉強や学びのようにも考えられているが、はたしてそうなのだろうか。

これまで述べてきたように、基本的欲求が満たされ、欠乏欲求も満たされれば、その上で、ヒトは何のために力の開発に励むのか、いやそもそもヒトは、死ぬことがわかっているのに、なぜ平然と生きているのかという疑問が生じるのも、きわめて当然のことと考えられるだろう。ところが、機械的世界観や合理主義的哲学は、有限なヒトの生のあり方という問題に蓋をしてきたのである。

第4章　〈閉じこもる生〉が開かれる場所

第1節　子ども・若者が生きられる場所

「生きる力」の英訳

「生きる力」というコトバが、文部科学省の公式文書に出てきて約二〇年になる。このコトバは、第一五期中央教育審議会第一次答申「二一世紀を展望した我が国の教育の在り方について――子供に生きる力とゆとりを」（一九九六年）に公文書としてはじめて出てきたもので、世間では、いわゆる「ゆとり教育」を宣言した文書として知られている。この「ゆとり教育」に対して、マス・メディアでは賛否両論を含めて騒然とした議論が沸き起こったが、残念なことに、本答申の眼目である「生きる力」については、十分納得のできる議論が行われたとは言いがたい。

「生きる力」というコトバは、文部科学省の外国向けのホームページでは、興味深いことに“Zest for Life”と訳されている。『ランダムハウス英和大辞典』(小学館、一九八七年)によれば、Zestとは、①強い興味、湧き立つ喜び、楽しさ、うれしさ。②快い刺激、興趣、風味、とある。すると、“Zest for Life”を文字通り直訳するとすれば、「内奥から湧き立つ生きる歓び」となるのではないか。筆者は、「生きる力」のこの英訳は実に妥当なものだと以前から考えてきた。

しかし、日本の教育界に身をおく人々(筆者もその一人であるが)のうち、「生きる力」を「内奥から湧き立つ生きる歓び」と理解している人はどれくらいいるだろうか。おそらくそう多くはないと思われる。

その理由は、文科省は、生きる力を、子どもが自ら考え、自ら学ぶという自主自律の精神、すなわち福沢諭吉のいう「独立自尊」(Independence)の生き方の方向性で説明することが多かったからではないかと考えられる。この答申では、「生きる力」は以下のように説明されている。

「我々はこれからの子供たちに必要となるのは、いかに社会が変化しようと、自分で課題を見つけ、自ら学び、自ら考え、主体的に判断し、行動し、よりよく問題を解決する資質や能力など自己教育力であり、また、自らを律しつつ、他人とともに協調し、他人を思いやる心や感動する心など、豊かな人間性であると考えた。たくましく生きるための健康や体力が不可欠であることは言うまでもない。我々は、こうした資質や能力を、変化の激しいこれからの社会を、[生きる力]と称することとし、知、徳、体、これらをバランスよくはぐくんでいくことが重要であると考えた。」（文部科学省ホームページより引用）

この説明では、「いかに社会が変化しようと、自分で課題を見つけ、自ら学び、自ら考え、主体的に判断し、行動し、よりよく問題を解決する資質や能力など自己教育力」に力点がおかれ、「他人を思いやる心や感動する心など、豊かな人間性」は、その後に述べられている。ここでは、主体的に判断し、行動することが重視されている。しかし、こうした主体的な判断や行動は、学校教育以前の家庭生活や地域生活で育まれることの方が大きいのではないだろうか。

生の躍動

自主性や主体性という情意的な生活態度は、子どもの感情や情緒が家庭生活や地域の対人関係によって安定的に育まれていることが重要な前提条件ではないだろうか。家庭内で暴力を受けていたり、両親のケンカが絶えず、情緒不安に陥らざるをえない子どもが、主体的に行動できるようになるとは考えられない。

だから、学校教師の指導だけで、主体性という情意面を育てることは非常に難しい。家庭や地域など、子どものいる場所で生感情が温かく受容され、子どもの試行錯誤をみんなで支援する環境が、主体性が育つ不可欠な条件だからである。主体性は、子どもを情意面で支える家族や友人関係などの幅広い関係性によって育まれるものである。

後述するように、「自《みずか》ら」(insentive)という意識的行動の前に、「自《おの》ずから」(naturally)という無意識の行動が十分に耕されていなければならないのではないか。そして、この「自ずから」を駆動する原動力として、「生きる歓び」や「知る歓び」といった見えざる生のエネルギーが躍動しているはずである。ベルクソン(H. - L. Bergson)なら、これを「生の躍動」(élan vital、エラン・ヴィタール)と言うだろう(ベルクソン[竹内信夫訳、二〇一三]『創造的進化』ベルクソン全集、第四巻、白水社、二九一頁)。

したがって、"Zest for Life"という英語ににじみ出ている「生きる歓び」という感受性を重視することが「生きる力」を育てる上では不可欠なのである。ところが、この基礎固めともいうべき情意面の育成に着目するベクトルは、少なくとも国内向けの説明では決して十分ではなかったように思われる。これからは、国外ばかりでなく、国内においても、「生きる力」を「内奥から湧き立つ生きる歓び」として、もっと強調する必要があると考えている。子どもの生感情や情意面の育成が大事だと筆者が考えてきた理由を、もう少し別の事例を使って説明しておきたい。

生を支えるささやかな願望

人が生きていくことを生の内部で支える根源的なものは、「〜したい」という欲求や願望ではないかと筆者は考えている。精神分析学者のフロイト(S. Freud)がそれを「リビドー」(衝動)と呼んだことはよく知られている。しかし、フロイトの場合は、それを無意識的に突き動かされる快楽衝動や根源的性欲と結びつけて理解したが、筆者の考える「〜したい」という欲求や願望は、もう少し意識的で気分的なものである。

また、欲求というと、マスロー(A. H. Maslow)の欲求の五段階説がすぐに思い浮ぶが(本書第8章、二〇二頁参照）、ここでいう「〜したい」というのは、マスローのいう欠乏欲求から、のどの渇きのように身体レベルで生じるものではなく、欠乏欲求が十分に満たされてもなお心の内奥から湧き出てくる感情である。これを「希望」というと、少しキレイすぎ、「欲求」というと生理的すぎるもので、筆者としては、人間が未来に向けて抱く「願望」と考えるのがよいのではないかと考えている。

たとえば、朝起きて私たちは、いつものようにハムエッグとパンを食べ、コーヒーを飲む。濃い目のコーヒーがうまい。開いた新聞に、いじめを苦に自殺した子どもの記事が目に止まる。胸が痛む。仕事に向かう足取りは軽快とはいえないが、今日も一日頑張れそうだ。職場に着いたら、まず、あの打ち合わせをしよう、などなど。これが「〜したい」という願望である。人が未来に向かって歩いていく上では、はっきりとした自覚はなくとも、この「〜したい」という小さな願望が未来を開いてくれるのだ。

それは、目標といえるほど自覚的なものではなく、生感情や気分と一体の思いなのだ。生感情や気分と一体だからこそ、それは生の奥底からにじみ出てくるものと言ってもよいかもしれない。泉のように内から湧き出てくるもの、それが筆者のいう「願望」である。

それを人に言うと、目標になってしまうので、逆に生を縛ることにもなりかねない。だから、目標とは違う。そのヒトの心のなかにあって、その人の生を支え、生をいきいきとさせるもの、それが「願望」である。こうした願望の有無が、そのヒトの生をいきいきしたものにも、干からびたものにもさせるのではないか。

少々難しくなるが、ニーチェ（Fr. W. Nietzsche）の考えた生（Leben）というものも、いつも「〜したい」という願望を抱いて世界と向き合い、世界を解釈している人間を示している。哲学者の竹田青嗣は、これを生の根源的「欲望」、すなわち「エロス」と呼んで、意識や態度に先立つものと説明したことがある（竹田［一九九三］『意味とエロス』ちくま学芸文庫、一二四―一二五頁）。

しかし、欲望やエロスというと、「願望」のささやかさが消え、喉の渇きのように強く押し出されるので、やはり「願望」でよいと思う。生とは、理性や労働といった大文字の近代的概念によって覆い隠されてしまった人間の一側面、何らかの小さな願望を抱いてこの世に生きている人間のことなのだ。

ぼくは／わたしは○○をしたい

ここで、また筆者の個人的な経験を紹介しておきたい。

筆者が校長として勤務したことのある国立大学附属小学校では、一年生の生活科のなかに、「ぼくは／わたしは○○をしたい」という単元がある。一年生の子どもたちが入学した直後の四月から五月にかけて、生活科の活動をはじめる前に、子どもたち一人ひとりが、学校でやってみたいこと、やりたいことの自覚を促す単元である。

決まりでしなければならないとか、誰かが褒めてくれるからとかいうことではなく、自分がほんとうにいまやりたいことをいくつも見つけ出す。夢中になれることを自分で探すのだ。

ある男の子は、校舎裏の小さな畑の湿り気を含んだ土で泥だんごができることを発見し、泥だんごをつくることに夢中になった。自宅は高層マンションなので、ふだんはドロ遊びをしたことがない。公園の砂場などで砂やドロ遊びをすることはあったが、服が汚れるので、母親はあまり歓迎しなかったらしい。ところが、この小学校では、大きな泥だんごをつくると、友だちはもちろん、先生も褒めてくれるのだ。服はドロで汚れるが、土をこねる感触が子どもにはたまらないらしい。学校では、半袖トレーナーを着ているので、親も文句はいわない。

この子どもは、直径一〇センチ以上もある大きな泥だんごをつくり、その作り方を筆者に詳しく教えてくれたものだ。土は粘り気のある裏庭の畑から掘り出し、水をどれくらい入れ、どのように固めて、テカテカと光る泥だんごをつくったか。子どもの得意顔と、ほかのみんなに言わないでね、秘密だよ、といったコトバが今でも忘れられない。その子どもは、給食の時間にも、机上にそれを置いて、仲間に見せたり触らせたりしていた。

もちろんこの子どもはいつまでも一年生ではない。学年が上がり、視野が広まるにつれて、子どもの興味は自然にほかのことに移っていく。しかし、子どもが泥だんごづくりで試行錯誤したり夢中になったりしたときの興奮や充実感は子どものなかにずっしりと残るはずである。この充実感や達成感が、その後の子どもの生に自信を与えてくれるのだ。こうして、いわゆる自立心や自尊感情の芽がごく自然に養われる。

「〜したい」と自分が心の底から願うことに取り組むことは、楽しみだけでなく、やり甲斐や達成感をも育む。誰かに指示されたり、人に褒められようとしてやったことではないからだ。自分が「〜したい」と心底思ったことができること。そうした願望が芽生えるきっかけをつくってくれる場所。そこがまさに人が「生きられる空間」(der gelebte Raum)であり、生きる意味と張りが同時に生まれる場所といえる。それは、その人なりのものを「つくり続けていく世界」でもある。表象文化を研究する哲学者の小林康夫はいう。

「ここで問題にしたいのは、あくまでも自分が感覚的に世界とつながりつつ、世界に働きかけることによって『つくる』ということ。もちろん『つくる』以上はなにか完成した作品が目指されているわけでしょうけれど、それを目的論的に、完成した作品のほうから考えるのではなくて、むしろつねに未完成のプロセスとしての行為において考えたいということです。そこで立ち現れてくる世界との物質的な、感覚的な、質的な「つながり」こそ「重要だと思うからです。というのも、『つくる』ということは、なによりも人間が世界に根づくためのもっとも根源的な行為だからです。」（小林［二〇一五］『君自身の哲学へ』大和書房、一九八―一九九頁。傍点は引用者）

「つくる」という行為を、結果や成果から見ないこと。つまり目的論的に考えないこと。むしろつくるという行為そのものを、つねに「未完成のプロセス」において考えること。泥だんごづくりに夢中になった一年生のように。仲間と一緒にイベントづくりに熱中した不登校の若者のように。

いずれも、行った結果や成果によって満足を得たのではないことに注目すべきだ。子ども・若者が学ぶ意味や生きる意味を実感するのは、「つくる」ことに没頭しつくし、経験した人にしかわからない充実感からである。ベルクソンなら、これを「生が躍動する」経験というだろう。

極論すれば、結果や成果などはどうでもよい。結果に縛られないこと。純粋に打ち込める活動に参加することが大切なのだ。そうした場所に身も心もひたることで、子どもや若者は生きる意味や働く意味を自然に感受していくのである。意味は、他人がコトバで伝えられるものではない。本人がからだと心で気づき感受していくものだからである。

ニーチェの「力への意志」とは

生きる意味は、リンゴやミカンのように、どこかの木にぶらさがっているわけではない。それは、人が生きる日常のなかで、自分で生み出し、赤子のように手塩にかけて育てていくしかないものである。しかも意味は、コトバで説明し切れるものではなく、本人が体感し、感じとるしかない、きわめて繊細なものなのだ。コトバですくい取ろうとすると、コトバの網目から容易にこぼれ落ちてしまうもの。けれども、体感した後には、心の奥底にしっかりと澱《おり》のように残っていくもの。流れている生命に新しい息吹を注ぐもの、それが意味である。ニーチェはいう。

「個人は、なにか全く新しいものであり、新しいものを創造するもの、なにか絶対的なものであって、すべての行為は全部その個人自身のものである。個々人がおのれの行為にとっての価値を取ってくるのも、結局はやはりおのれ自身からである。というのは、個々人は伝統的な用語をもまったく個人的に解釈せざるをえないからである。たとえ個々人がいかなる定式をも創造しないとしても、少なくとも定式の解釈は個人的なものである。すなわち、解釈者としては個々人はいぜんとして創造しつつあるのである。」(ニーチェ［原佑訳、二〇〇八］『権力への意志』下巻、ちくま学芸文庫、二八〇—二八一頁。傍点部分は原著)

ニーチェは、「力への意志」の提唱者として有名であるが、ニーチェのいう「力」(Macht)とは、以下に紹介するドゥルーズ(G. Deleuze)の「生の強度」に近いものであって、既存の政治権力、財力、地位、名声などとはまるで無縁なものである。既存の制度や言説にもたれかかって自己を強化する（つまり制度の奴隷になる）ことを最も嫌ったのがニーチェである。そのことは、右の引用文からも十分に読み取れるであろう。

個人はその経験を通して、さまざまなことを「解釈している」。「伝統的な用語」であっても、自己の経験に即して解釈するほかはない。個人は、あらゆる事象の解釈者という意味での創造者なのだ、というのがニーチェの主張である。この考え方は、学校の授業場面でも同じことが言える。

教科書に書いてある内容、あるいは教師が説明するコトバの内容を、そっくりコピーするように子どもの頭の中に印字することは不可能である。なぜなら、どんなに幼い子どもであっても、人間である限りは、「願望」をもって生きている解釈者であって、白紙のコピー用紙ではないからだ。ニーチェ的にいえば、子どもは「解釈者」「創造者」であって、白紙のコピー用紙ではない。文字やコトバに触れた途端に解釈行為が進行するからである。

しかも生感情やイマジネーションにあふれた子どもたちは、宮崎駿が描くアニメ映画のように想像力に満ちた作品であれば、喜んで解釈行為を進めるが、文字だけの、コトバだけの干からびた内容では、想像力が刺激されない。だから、生にドラマが生まれないのだ。

従来の学校では、子どもは規律を守り、コピー用紙のように伝えられた内容を印字することが求められてきた。人間はみな解釈者、創造者であるという理解が決定的に欠けていたからであると言っていい。

ニーチェのいう「力への意志」とは、自己の生感情を大切にし、自分の感覚や感情を卑下せずに、しっかりと自分の生の根本から解釈を行うように生きる「意志」だと考えられる。それは、伝統、制度、世間の因習といった、私たちを取り巻く規範枠からは少し距離をおいて、理性的にも感情的にも納得のいく「解釈」をしてゆこうとする「意志」である。前に紹介した不登校の若者が語っていたコトバ、「いろんなことを鵜呑みにせず、『ちょっと待てよ』という感覚」が、まさにこれにあたる。ニーチェについて詳細な研究書『ニーチェ』を著したフランスの哲学者、ドゥルーズはこう書いている。

「ひとが〈力〉への意志を、『支配欲』という意味に解釈している限り、どうしても〈力〉への意志を既成の価値に依拠したものとしてしまう。なぜなら、これこれという事態において、あるいはこれこれの闘争において誰が最も強い者として『承認』されるべきであるかを決めるのに適しているのは、既成の諸価値だけだからである。そういうわけで、ひとは〈力〉への意志の真の性質を誤認してしまう。」（ドゥルーズ［湯浅博雄訳、二〇〇四］『ニーチェ』ちくま学芸文庫、四三―四四頁）

ニーチェのいう「力への意志」とは、既成の価値への依存や支配欲では全くないと、ドゥルーズは指摘する。だから、原著の *Wille zur Macht* を『権力への意志』と訳してしまうと、既成の価値に後押しされた「力」、すなわち、政治権力や社会進化論でいう自己保存力、闘争力に等しいものと誤解されやすい。

ニーチェのいう「力」（Macht）とは、既成の意味地平におけるさまざまな力（武力、政治権力、財力など）をさしてはいない。むしろこうした既成の意味地平から脱却して新しい地平を創造する生の力をさしている。デリダ的にいえば、既成の意味地平を脱構築する生の力であるといってもよい。この Macht というドイツ語を「権力」と訳してしまうことに対しては、言語学者の丸山圭三郎も疑問を呈している。丸山はいう。

「そもそも、一時期ニーチェの遺稿のタイトルとされた *Wille zur Macht* を、『権力の意志』と一部のニーチェ学者が訳したことにも問題があるといわねばならない。この原理は、決して意志が〈権力〉を欲するということ、あるいは支配したいと望むことを意味してはいない。〈力への意志〉は、既成の価値を前提とした〈権力奪取〉でもなければ、貨幣とか名誉などを手に入れることにあるのではなく、これまで存在しなかったものを作り出すこと、カオスを新たに言分《ことわ》けて意味化することにある。この創造への意志は、生の新たな挑戦でもあり、重圧の魔を排除して軽くすることでもある。」（丸山［一九九二］『生命と過剰』河出書房新社、二七一頁）

『力への意志』のサブタイトルが「すべての価値の価値転換の試み」とあるように、政治力や財力を含めて、既成のあらゆる価値を徹底的に無化した果てに、ギリギリの地平で開示されるものがニーチェのいう生それ自身の「力」なのである。それは、ニーチェ自身のコトバで説明したように、解釈者、創造者としての人間によって開示される生の新しいかたちの自己創造であるということができる。ドゥルーズは次のようにも言う。

「ニーチェの語るところでは、〈力〉への意志はなにであれ欲しがったり、手に入れたりすることに存するのではなく、むしろ作り出すことに、そして与えることに存するのである。〈力〉への意志というときの〈力〉とは、意志が欲するものではなくて、意志のうちで欲しているもの（ディオニュソスその人）なのである。」（前掲書、四四頁。傍点は原著）

「意志のうちで欲しているもの」とは、あらゆる生命体に通底する生きることそのものと言えるのではないか。現代の生命科学のコトバでいえば、それは、生命の自己組織性(self-organization)の流れと考えても間違いではないであろう。ニーチェにとって、生きる歓びとは、生命から湧き出る生が、奔流する川のようにイキイキと流れ出ること、流れが止められて滞留することなく溢れ出ることである。しかも、生のこの流動は、個体を超えて生きものの全体に通底するものである。

私たちが、森や林に分け入って、森林浴を愉しむときに感じる、あの肩の力の抜けた全身の解放感と居心地のよさ。からだの奥底から湧き出るような新鮮な生命の息吹。森の霊気と同様に、人間も生命体（いのちの流れ）の一部に過ぎなかったのだと感じさせられるもの。森の霊気との一体感が生の意味を新たに生み出し、次々と増殖させていくのだ。終わることのない生命の流れを感受して生きること。この流れは、外から注入することはできない。生命と生の内部から内発的に生まれ出るほかはないものである。

第2節　「自《おの》ずから」の土壌の上に「自《みずか》ら」が花開く

「自ずから」と「自ら」の違い

「生きる力」を、人間の知徳体の諸能力の集合体と考えてしまう前に、先ずは人間の「生きる歓び」を基礎的な土台として理解すべきではないかと述べてきた。その理由を、別のコトバを使って、さらに詳しく説明しておきたい。

すでに述べたように、コミュニケーション力であれ、プレゼン力であれ、「○○力」系のコトバに筆者が違和感をもつのは、いずれも「意識」や「意志」を過剰に重視しているからにほかならない。意識をはたらかせ、意志を強くして、目的意識的に何かをなすというガンバリ主義が、そこでは強調されているからである。

人と話をしたり、自分の考えを相手にわかってもらえたりすることは、もともと嬉しく楽しい営みのはずである。ところが、「○○力」を意識したとたんに、話すことや説明することの楽しさよりも、話した効果や結果がその「会話の意味」を独占することになる。当然、話す楽しみは半減してしまう。いや、楽しいどころか、苦しいことにさえなってしまうだろう。宣伝や政治的プロパガンダのように、相手を操作するように話をしなければならないからだ。

「みずから」（自己、セルフ）を強く意識して話すことで、コトバが「おのずから」湧き出してくるというお喋りの快適さがストップされてしまう。さらには、相手との自然な応答の流れを楽しむことが消えて、相手を技法によって目的誘導する意識ばかりが増幅することになる。ここには、会話における自然な流れが、意識の介入によって作為的になるという問題が生じる。そう、お喋りが、自然体ではなくなるのだ。

同じ日本語の「自」という文字でも、「自《おの》ずから」と読むか、「自《みずか》ら」と読むかによって、意味がまるで異なってくることに注目したい。『日本国語大辞典』（小学館、二〇〇六年）によれば、「自ずから」と「自ら」は以下の通りで、似て非なる意味である。

「自ずから」は、「もともともっているもの」「自然に」　naturally　⇩　無意識に

「自ら」は、「自分自身で」「自分から」　oneself, initiative　⇩　意識的に

歴史的に見れば、仏教用語で「自然法爾《じねんほうに》」という親鸞の有名なコトバもあるように、「自ずから」は日本にもとからあったコトバで、「自然のままに」という意味である。親鸞が用

いたこの「自然法爾《じねんほうに》」について、倫理学者の竹内整一はこう説明している。

「この世には『自然』の『おのずから』の働きが働いているが、それは、われわれの『はからい』ではどうにもならないことであり、この世のことは、必ずしも善いことをしたから善い結果がえられるとか、悪いことをしたから悪い結果になるといったようなものではないのだ、と。」（竹内［二〇一二］『やまと言葉で哲学する――「おのずから」と「みずから」のあわいで』春秋社、一五頁）

「自然のおのずからのはたらき」に身を委ねるという親鸞の教えは、日本人の「おのずから」と「みずから」の意味の微妙な違いに影響を与えている。これに対して、「みずから」は、「身つから」が変化したもので、「その人自身。当人」を表わすコトバである（前掲、大辞典）。それは、個人の主体性と自律性を強調するコトバとして、明治期以降に、英語の"self"の翻訳ともあいまって広まったコトバである。日本では、すでに述べたように、もともとは「おのずから」、つまり「もともともっているもの」「自然に」が「自」の意味であったと考えられるが、明治期以降、「主体性」や「自律」が強調されるようになって、「みずから」が多用されるようになったと考えられる。

しかし、これによって大変に困った事態が生じた。それは、日本文化の基底に流れる「おのずから」という他力本願的な感覚が次第に見落とされ、あるいは駆逐され、逆に西洋的な「みずから」という自力的な感覚が広まってきたことである。いまや教育界でも、「みずから」(自力思想)が全盛の時代となった。「おのずから」(他力思想)育つ植物のように、子ども・若者の成長をじっと「待つ」という感覚は、教育の放棄であるかのように見なされる風潮もないわけではない。

子どもが「自ずから」育つのをじっと「待つ」ことができないのである。これは、子育てや教育文化にとっては見逃せない危機的状況であると、筆者は考えている。せっかちな近代主義が、日本の伝統的な見守り中心の子育て文化を葬り去ってきたからである。

日本文化の根底には、「みずから○○する」という近代的意識(自力)の前に、「おのずから○○する」という、神仏のはからいに身を委ねるような他力の感覚や感情を重んじる風土があった。馬を川辺に連れていくことはできるが、無理に水を飲ませることはできない、ということわざもある。のどが渇けば、馬は「おのずから」水を飲むものだ、という感覚がそれである。近代以前の日本の子育て文化は、動植物の育成にも通じる自然主義が基本

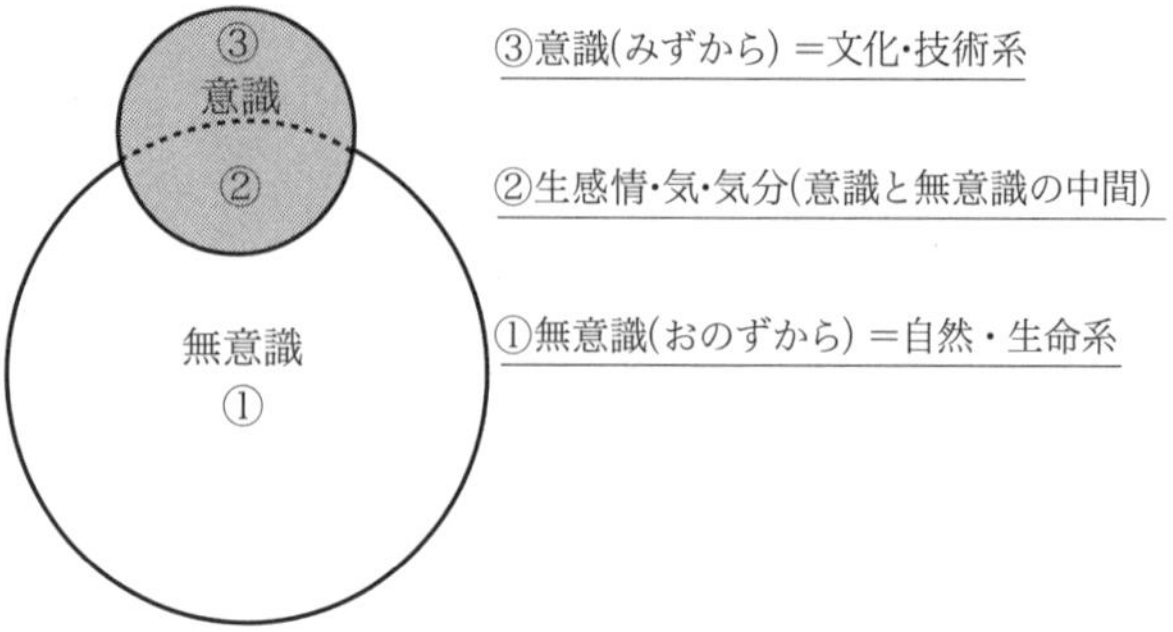

であって、意識的に子どもを動かす操作主義は明治期以後に広まったものに過ぎない。

生命＝自然が「おのずから」生きる

人間のやる気や意欲といった生感情も「おのずから」生じるものであって、外から操作して生じさせることは難しい。「みずから」行うには、その土台となる生感情やからだからの自然な欲求を待たなければならない。今日では、こうした「待つ」とか「委ねる」という感覚が、どんどん消えてきたようである（鷲田清一［二〇〇六］『「待つ」ということ』角川選書）。

上記の図は、人間の意識（文化・技術系）と無意識（自然・生命系）の関係を示した図形である。

ヒトの行為の根底には、①自然・生命による無意識的な自己運動があることは誰もが否定しないであろう。その上に、③文化・技術によって構成された意識がある。しかし、意識と無意識が交わる部分には、自分にはコントロールできない気分や感情という「気」にあたるものがある。それは無意識の下層から湧き起こる喜怒哀楽と意識による制御のミックスしたものなので、意識と無意識の中間部分②に入れてある。私たちが意識できるのは、この気分と意識だけで、無意識はふだんは隠れている。

無意識は、家族関係、友人関係、教師—生徒関係などの日常生活で編まれる諸関係網によって構成され、蓄積される。からだが不調であったり、家庭で排除され居場所がなかったり、友人関係で傷ついていたり、規則づくめで息苦しい教室であったりすると、生命は「おのずから」(無意識に)厚い殻で自己を閉じ、防衛することに専念するようになる。外部からのはたらきかけへの感受性も応答も鈍くなる。「おのずから」閉じてしまった生命のトビラは、外から無理にこじ開けることはできない。だから、「おのずから」開くような場所にその身をおくことが大事なのだ。

逆に、健康で、家庭内に温かい居場所があり、友人関係も信頼でき、教室も自由で受容的な場所であると、生命は「おのずから」自己を開き、アクティブになる。新しい世界への好奇心や積極性が「おのずから」増してくるであろう。ここに「みずから学び、みずから考える」ための肥沃な土壌が蓄えられると言える。つまり、無意識な生命の土壌が、意識的な生の活動（学び）を支えるのである。これが、「おのずから」の土壌の上に「みずから」が花開くと、第2節の表題にした理由である。

第3節　異世界への旅

未来を自分たちでつくる

若者が生きていく上で基盤となる「意味のある生き方」の感覚は、さまざまな場所で他者と出会い、そこで知らずしらずのうちに「活動する歓び」を経験することが重要であると先に述べた。ここでは、さまざまな他者や異世界と人が出会うことで、その人の世界が次第に変化していくきっかけに注目してみたい。それは、新しい出会いや、非日常の経験によって意味世界に変化が促されるということである。筆者は、これを『経験のメタモルフォーゼ』（勁草書房、二〇〇六年）という本で、詳細に述べたことがあるが、ここでは要点だけを説明しておきたい。

異世界と出会うとはどのようなことをいうのだろうか。ここでまた、筆者の経験を述べてみたい。もう二〇年も前のことになるが、筆者はベルリン自由大学の客員研究員として一年間ドイツのベルリンに滞在したことがあった。筆者にとっては三度目のドイツ滞在であったが、コトバも文化も異なる国での生活は、実にたくさんの出会いと気づきがあった。

ドイツでは、電線は地下にもぐらせるので、街の美観が保たれている。日本のように市街が電線で張り巡らされるということがない。商店は、土曜日は午前中まで、日曜日は終日休業なので、土曜の午前中までに食糧を買い求めておかなければならない。いま日本では、あるスーパーマーケットが二四時間営業を一部廃止するか否かが話題になっているが、ドイツでは、そもそも二四時間営業ということ自体があり得ないことである。消費者中心の無制限のサービス型消費社会の拡大は、一見便利なように見えるが、サービスの提供者を過剰労働に追い立てるばかりか、巡りめぐって市民の健康な生活を脅かしかねないことがわかっているからだと考えられる。米国や日本のようには、消費に過剰な期待はかけられていないように感じられる。質素と勤勉が生きているお国柄であるせいかもしれない。

ベルリンの西側に「緑の森」(Grünewald) というベルリン市が管理する広大な森林公園がある。土日には、市民が家族づれで散歩や日光浴に出かける。この森林は実に広大なので、小径に分け入ると、迷路のように道に迷いそうなところがたくさんある。そうした個所の入口には立て看板が立っていて、“Auf eigene Gefahr”とある。訳せば「自分の責任で」という意味である。

歩くことに自信のある人、迷わずに戻れる人はどうぞ進んで下さい。万一の危険対応に自信のない方は、入らないで下さい、と。日本で、このような看板を一度も見たことがなかった筆者は、最初は面くらった。これはなんと無責任なことか。幼児や高齢者など、歩くことに自信がない人は入らないようにと勧める看板。ここで道に迷ったら、あなたの責任で、管理者の責任ではありませんよ、と示す看板。幼児や高齢者に危険な道であるのなら、日本のように、管理する自治体が一律に侵入禁止にすればよいではないかと、最初は思ったものだ

同じような掲示板は、緑の森の奥深いところにある湖のほとりでも見かけた。夏になると、そこでは水泳ができるのだが、誰でも泳げる場所には「水泳場」という看板が掲げられている。しかし、急に深くなっているところや子どもには泳ぎづらいような多少危険を伴う場所には、この「自分の責任で」という看板が立てられているのだ。しかも、泳げるか、泳げないかは、管理者が決めるのではなく、本人が決めることなのだ。しかも、この湖では、子ども犬も人間と一緒に泳いでいるので、仰天してしまった。そういえば、ドイツでは、子ども

料金で犬も自転車も電車に乗せることができる。日本とは異なって、ドイツの犬は大型犬が多いので、最初は怖かったのだが、電車の中では、どの犬もしつけが行き届いていて（犬が騒ぐと飼い主が高い罰金を払わなければならない）、静かに座っているのだ。

個人が選ぶ社会

さて、犬の話はともかく、「自分の責任で」という立て看板をよく見かけて気づかされたことは、ドイツでは、何ごとにつけ、一律に行政が規制するのではなく、個人の選択の自由の幅が最大限に認められているということである。日本では、公園や河川で、幼児や高齢者に危ない場所があれば、仮に問題ない大人がいても、一律に「立ち入り禁止」にしてしまう。禁止の基準を下限におく。危機を余裕で回避できる人々も、この立て看板に反対しない。

この下限基準の考え方は、明治期以来、わが国で行われてきたお上がすべて取り仕切る方式で、お上（行政）がすべて丸抱えで指示し、結果責任もお上が丸抱えでとる仕組みになっている。個人の判断はいらないのだ。まさに丸ごとお任せの、河合隼雄のいう「母性原理」の社会である。

これは、一見、「優しい政治」のように見えるが、よく考えてみると、すべてが行政にお任せで、市民には選択の余地も責任も及ばない観客の席に座らせる仕組みでもある。判断も責任も行政にお任せで、自分たちは観客席で見ていられる状態。そして選挙の時だけ、主権者だと持ち上げられる。公共の場面で、自己判断が全く問われない社会は、何かおかしいのではないかと、筆者も思うようになった。

そういえば、ドイツでは、自動ドアはデパートの入口以外は、あまり見かけなかった。日本では、建物のいたるところに自動ドアが取りつけられ、電車に乗れば、サービス過剰と思うほど丁寧な車内アナウンスが流れる。電車の中で寝ている人が多いのも日本の特徴であるが、それは、車内アナウンスが実に懇切丁寧で、次はどこの駅か、出口は右か左かを自分の目でいちいち確認する必要がない「超お任せ社会」（日本ではこれを「おもてなし」という）だから、安心して眠っていられることに気づいたのである。

便利で快適だといえば、たしかにそうなのだが、ドイツと対比して逆に考えると、日本では、自分の個別の判断や選択はなるべく抑えて、他の人と同じパターンで行動するような見えない社会システムが張りめぐらされていることにも気づかされる。リスク回避を「自分の責任で」選ぶということはほとんどなく、すべて国や自治体、学校に委ねているのである。立ち入り禁止の基準を、自治体が一律に決める文化と、個人の判断にゆだねる文化の違いが大きいことがわかる。

リスクを「自分の責任で」選ぶ場面が少ない日本の学校で、その弱点がさらけ出された事例が、東日本大震災後に襲ってきた大津波に呑まれた宮城県石巻市立大川小学校の事例であろう。地震発生から津波まで、五〇分程度の時間があったはずであるが、大川小学校の子どもたちは、教頭の指示に従って、全員が校庭に集合、待機することに時間を費やした。その結果、裏の高台に避難する途中で大津波に襲われ、八四名(児童七四名、教師一〇名)もの犠牲者が出てしまった。

地震発生後、子どもたちがテンデン、バラバラに高いところに逃げだした別の小学校では、ほとんど被害に合わなかった。「釜石の奇跡」とも称されたこの地域の小中学校では、地震が発生したら、テンデンに高いところに逃げ出すという「津波テンデンコ」の避難訓練が行われていたという。教師の指示をまたず、各自が「自分の責任で」避難することが奨励されていたわけである。何事も学校にお任せするのではなく、内容によっては、子どもたち一人ひとりがしっかりと責任を背負って行動することが大事な時代になったのではないか。それは、自己責任の観念を押し付けることとはまるで異なるレベルでの、子どもの「応答的な生」を支援する教育の問題である。ほぼ同じ趣旨の指摘を、戸田忠雄も著書の中でしている（戸田［二〇一五］『日本型学校主義を越えて』筑摩選書、八二―八九頁）。

子どもが外国人を案内する

ちなみに、ベルリン市やブランデンブルグ州の基礎学校（小学校）、ギムナジウム、基幹学校、実科学校にも数多く訪問したが、基礎学校では、訪問先の子どもたちが、駅やバス停まで数人で出迎えに来てくれたことが何度かあった。さすがに、これには驚かされた。学校でその理由を聴くと、それは、外国からの訪問者を歓迎し、子どもたちが外国人と親しくなれるようにとの校長の配慮で行われているとのこと。子どもを丸ごと保護する傾向の強い「母性社会」（河合隼雄）の日本では到底ありえないことである。

以上は、ドイツと日本の文化の違いのほんの一例に過ぎない。異国に行くことでその国の文化のパターンを知り、それによって、これまでは見えなかった日本文化のパターンも自覚できるようになる。異世界に入り込むことで、それまでは当たり前と考えられていたこと（現象学でいう自明性）が、実は言語や文化、生活習慣の違いによるところが大きいこともわかってくる。

自分が生きてきた世界では疑う余地のないことであっても、他者や外部の世界から見ると、異常なことであったり、おかしな現象であったり映る。世界を見ているフレーム、つまりフッサールのいう地平（Horizont）そのものが、自分とは異なる人々がこの地球上には無数に存在している。こうした驚きの感覚こそが、若者の生感情を刺激し、世界に目を開かせてくれるのではないだろうか。

新しい経験をすることで、それまでの自分の閉じられた生の地平にズレや裂け目が生まれ、世界を何度もとらえ直す生きた〈まなざし〉が生まれてくる。筆者が主張してきた開かれた生の意味生成とは、このことをさしている。これは、制度に依存し、制度が求める力や能力をたくさん開発し、パワーアップして生きる、世にいうところの「グローバル人材」とはまるで異なる生き方であることがわかるであろう。

第5章　応答する生のために——さまざまな〈他者〉と出会う

第1節　関係という意味場が生を支える——世代間の相互行為

関係という意味場で育つ子ども・若者

学校では、子どもの成長や発達をめざして日々実践が行われている。学校は、子どもを集めて、ただ遊ばせておくだけの場所ではない。それは、子どもの人格形成と教科教育を行う意図的、計画的な教育機関だからである。そう考えると、子ども・若者の内にある力や能力を開発するという発想は、もともと学校教育的な発想であるということもできるであろう。第3章で述べた近代社会に固有の「目的―手段的思考」が、学校にも適用されていることはすでに述べたとおりである。

しかしながら、本書で考えたかったことは、そうした意図的、計画的な教育、そして「目的―手段的思考」から逃れられない学校教育とは異なって、子どもや若者は、学びでも遊びでも、そして仕事でも、自分流に、自分のペースで行うことが許される場所にいることを実感できたときに、はじめて「おのずから」学び、内発的に活動するのではないか、ということである。水清ければ魚住まず、ということわざもあるように、あまりにきれいに澄み切ってプランクトンもいない水のなかでは、魚は住むことができない。子ども・若者もまったく同じであろう。

デューイも言うように、学校は子どもが学ぶ場所である前に子どもが生活する場所であるからだ（デューイ［市村尚久訳、二〇〇〇］『学校と社会』講談社学術文庫、九八頁）。もちろん筆者は、一〇〇年も前のデューイと同じ意味で言っているわけではない。デューイが、シカゴ大学で「学校と社会」の連続講演をしたのは一八九九年のことで、アメリカ社会が目に見えて産業化と工業化を達成しつつある時代であった。だからデューイは、子どもたちを地域のコミュニティ・ライフから切り離さずに学校教育を行うことを主張した。伝統的な地域の生活と新しい科学・技術の開発という二つの局面を統合的に学校という空間に取り入れることが彼の生活教育論の骨格であったと考えられる。デューイの時代には、まだ地球資源の枯渇化も生態系の異常も問題になってはいなかったからである。

筆者は、life, Leben, vie というコトバには、①生命、②生活、③生（生感情）という三つのアスペクトが含まれていることを度々指摘してきた。そして、機械的世界観から生命的世界観へと移行しつつあるこの時代には、ヒトの生命を土台として、生活だけでなく、個人の生を支える生感情(Lebensgefühl)の豊かさというものが人間形成において重要になる時代になったことを説明してきた。これは、機能化して分業化する社会に対して、教育の場においては逆に、子ども・若者が生きる関係の場所を広げ、さまざまな世代や多様な文化が交じり合うことが必要になると考えるからである。機能的分化ではなく、子ども・若者のlife(生)を中心に、諸関係のつながりと応答、雑居と横断(クロスオーバー)が求められる。一元的にシステム化されていない、逆に言えば、ノイズをたっぷりと含んだ雑居や横断の場所こそが子ども・若者が生きられる場所になるだろう。

異種混合の雑居空間

ウェーバーも指摘するように、近代社会のあらゆる組織は、無駄を省き、目的意識的に管理され運営される。警察署、消防署はもとより、病院や学校もこの目的合理性の論理を免れることはできない。警察、消防、病院などは、それぞれの目的は明確なので、その対象となる人の自由度も制約されざるをえないと考えられる。ところが、人間形成が行われる学校に、ウェーバーのいう目的合理性の論理を当てはめると、いろいろと無理な事態が生じてくる。理由は簡単で、子どもや若者は、モノではなく、生きものであり、そればかりか人格や生世界を生きる存在なのであって、一律の発達段階という図式にはもともと入りきらないのが当然であるからだ。モノには同じもの、規格化された同一のものがいくらでもある。しかし、動植物を含めて、生きものはどれ一つとして同一のものは存在しない。遺伝子がみな異なって生まれてくるからである。だから、ヒトがみな違うのはきわめて当たり前の道理なのだ。

したがって、同じ階段を歩むというイメージが強い「発達」よりも、子どもが「大人になる」ことを考えた方がよいのではないかと思う。子どもが「大人になる」には、もちろん知識や技能、文化の習得が欠かせないが、その前に、さまざまな若者や大人たちとかかわりあうことが必要であるだろう。いまの学校は、同年齢の子どもが横一列になって同じペースで階段を上がっていくようなシステムになっているが、これでは、異年齢の子どもや若者、そして多世代の大人たちと交流をもつことができない。

また、「教授」(teaching)や「訓練」(training)の対象者として、教育を受ければ受けるほど、自分の思考や判断に自信がなくなるのも、当然の成り行きであると思われる。子どもたちを、「教授」や「訓練」の箱の中に入れ続けるのではなくて、かつての農村社会がそうであったように、地域の多種多様な若者や大人たちの中に子どもを紛れ込ませるという工夫が必要ではないかと考える。

それは、植物でいうと、計画的に植林された場所ではなく、自然に生えた雑木林のような場所に住むことが大事だということである。神奈川県小田原市の山村地域で、不登校の子どもたちを受け入れて、共同生活をする実践（「はじめ塾」）を重ねてきた元塾長の和田重宏は、こう書いている。

「おとなと子どもや、草木と人間が自然に関わるような場を指して、私はよく『雑木林的環境』と言います。『雑木林』は『植林』と対比する言葉として使っています。植林は人の手によって苗木が縦横にそろえて植えられ、数年の間は手厚く保護されながら育てられますが、育ちが悪かったり曲がってしまった木は切り倒され、素性のいい木だけが残されます。このような林に比べ、選別しないのが雑木林の特徴です。」（和田［一九九七］『「観」を育てる——行きづまらない教育』地湧社、一二四頁）

このように「雑木林」と「植林」の違いを説明した上で、和田はさらに次のように言う。少し長くなるが大事な指摘なので、引用を続けたい。

「寄宿塾では、この『雑木林』のように、おとなと子どもが混ざり合って生活しています。今の社会では、子どもたちとおとなが共に暮らす機会が非常に少なくなっていて、子どもは子ども、おとなはおとなの世界に分断されているのが実情です。これは学校化現象がもたらしたひとつの結果でもあるし、物事を科学的な合理主義に基づいて分類し、孤立分断化してきた世の中の形態と、非常に関連のあることだと思います。『雑木林』は、まさにいろんな草木が混ざり合って生えています。ものすごい大木もあれば、小さな若木もあるし、日陰にしか生えないシダも生えています。その一つひとつの存在が無視できません。お互いに助け合ってバランスがとれているからです。人間が健全に育っていくためには、そのように関連し合っているいのちの営みを常に肌で感じながら、関わり続けていくことが、大切な環境ではないかと思うのです。」（前掲書、一二五頁。傍点は引用者のもの）

和田が「雑木林」のような教育と述べたことを、民俗学者の柳田國男は「世間による教育」と名づけ、子どもは、幼児から高齢者までのさまざまな世代間の交流のなかで育つものだと主張した（柳田［一九八四］『子ども風土記』岩波文庫、四四頁）。高度経済成長期以前の社会では、小学生が弟や妹の世話をするのは当たり前であったし、老人が囲炉裏端で、子どもたちに昔話を語って聞かせるのもよく見る風景であった。そこには、文化の伝承というほど高尚なことよりも前に、「関連し合っているいのちの営みを常に肌で感じながら、関わり続けていくこと」（和田重宏）がごく自然に行われていたのだと思われる。「いのちの営み」という、生命体としてのヒトの最も基層の生を支え、慈しみ（ケア）、育むという、実に大切なことが、ごく当たり前のように営まれていたことを、それを失ったいま痛切に気づかされるのである。

一九七〇年代以降、地域社会という生活共同体が徐々に崩壊し、これによって家族が地域から離れて孤立することによって、子どもたちは、「雑木林」のように多世代が共に生きる場所を失ってきた。子ども・若者たちの生を支える土壌までもが干からびてきてしまったのではないか。関係性や共同性を失って孤立する子ども・若者の不安に乗じて、不安を煽るようなしかたで自立を強いたり、能力開発が進められたりしてはならないと思う。

第2節　綻《ほころ》ぶ意味を繕《つくろ》い続ける

乾いてきた生の土壌

これまでも述べてきたように、現代の若者を取り巻く世相を見ていると、人間力やコミュニケーション力をしっかりと開発して身につけ、他人を当てにせずに自立して生きていくことが期待されているように見える。かつての日本のように、地域社会や企業の保護的機能（終身雇用など）が生きていた時代であれば、こうしたセイフティーネットの上で、若者はさまざまな冒険やチャレンジに挑戦することができたはずである。

筆者自身も、小田実の『なんでも見てやろう』（一九六一年）、五木寛之の『青年は荒野をめざす』（一九六七年）を読んで海外を旅し、沢木耕太郎の『夜間特急』シリーズ（一九八六年に第一巻が発行）に励まされて異世界を巡り歩いた世代である。一九七〇年代ごろまでは、家族、学校、職場、地域といった既存の保護集団のベタベタした関係が、どうしようもなく息苦しく感じられた時代であった。余計なおせっかいはしないでくれ、と言いたくなる空気が充満していた。

しかし、いま、若者はこうしたベタベタした関係からは解放されたように見える。逆に、サラサラした砂地のように乾いた関係のなかで、自立と自己責任が求められているように見える。高度経済成長期までの日本の文化的風土は、湿気をたっぷり含んだ粘土のようにベタベタしていたが、冷戦が終わり、グローバル化社会に入った一九九〇年代以降は、その湿り気が徐々に乾燥してきて、いまではもう砂漠の砂のようにサラサラしてきたように感じられる。砂地はベタつくものがなくて、自由でよいと感じる人もいるかもしれない。しかしその代わり、地縁、血縁、社縁といったセイフティーネットがボロボロに破れたかのような社会でもある。頼れるのは自分ひとりの力なのだ、という切ない思いは現代の若者に共通した感覚ではないかと思われる(橘木俊詔［二〇一一］『無縁社会の正体――血縁・地縁・社縁はいかに崩壊したか』PHP出版、二八頁)。

戦後のたった七〇数年間で、私たちの人間関係の感覚はすっかり変わってきた。その結果、すでに触れたように、自立、自己啓発、グローバル人材といったパワーアップとスキル開発系の生き方ばかりが奨励される時代となった。次から次へと押し寄せる変化の激しい時代の荒波に乗り遅れないことが、企業経営者から若者に至るまで求められる生き残り戦略であるかのような空気が充満している。

他力感覚の喪失

日本文化のなかに土壌としてあった「おのずから」に委ねるという生命系や他力系の生き方が見えにくくなってきている。神経疲労やうつ病の人が増えるのは当然のことのように思われる。

先に紹介した倫理学者の竹内整一は、挨拶状の中でしばしば見られる「結婚することになりました」「就職することになりました」という表現は、主体性を重んずる欧米的に考えると、主体性の欠如、成り行きまかせだと受け取られかねないが、決してそうではないのだと言う。このコトバには、関係や偶然とともに生きてきた、見えない流れ（運命や宿命）のなかにある自己が暗示されているのだと言う。

　「『〜することになりました』という言い方は、すべてそうした無責任な成り行き主義で語られているわけではない。たとえば、結婚ということについていえば、どんなに「みずから」努力しても、結婚する相手に出会うということに、そのまま結びつくわけではない。出会いは、基本的に「みずから」を超える出来事である。自分以上の、あるいは自分以外の働き、――縁とかあるいは偶然とかそうしたものの中で、人は人に出会い、さまざまな出来事をくりかえしながら結婚という事態にやっといたる。それをわれわれは『結婚することになりました』と表現しているのである。」(竹内整一、前掲書、一三一一四頁)

いつのころからか、就職活動を「就活」と呼ぶように、結婚相手を探すことも「婚活」と呼ばれ、今では、死を迎える前になしておく準備を「終活」と呼ぶようになった。すべてが、自分の責任で、前のめりに戦略的に行わなければ出遅れる「活動」に変わった。何だかおかしい。異常な空気だとは思わないだろうか。かつては、就職も、結婚も、もちろん死を迎えるその時も、半ば自然の成り行きでそうなるものと考えられていたのである。

たしかに結婚も就職も、本人「みずから」の努力ひとつでなしうるものではない。そこには、さまざまなつながりの有無や偶然性がはたらいている。しかし、自己責任を重んずる現在の風潮は、こうした生の下地にあるつながりの有無や偶然性を見ようとはしない。なぜ頑張らないのだ、ベストを尽くさないのだという声ばかりが声高に聞こえてくる社会は健全とはいえないだろう。それは、ヒトが多様性を認めあって暮らせる幸せな社会でもない。ここでも、「主体性」や「目的―手段的思考」にとらわれて、あるがままの人々、流れるがままの自分の姿を容認できなくなった現代社会の病理が浮かび上がってくるように思われる。

生きもの感覚で生きる

「おのずから」を大事に生きるということは、頭（意識）ではなく、「生きている」という感覚や存在自体を大事にしていくということである。主体的に、自立的に、と頭で考える前に、まず生命体として、生きものとして、自分はこの地上に生まれたのだという感覚を決して忘れないことが大切なのではないか。生命科学者の中村桂子は、二〇世紀までは「機械と火」の時代で、石油や電気というエネルギーを開発した時代であったが、こうした方向の限界が明らかになった二一世紀は、むしろ地球生命圏の存続をかけた「生命と水」の時代に戻るべきだという主張を続けている。

二一世紀に入って、生命科学の研究は目覚ましく進み、人ゲノムの研究から、遺伝子操作によってヒトの細胞を創り出すこともできるようになった。しかし、これによって、個人の複製としてのクローン人間の製造も可能になることになり、医療技術が生命操作にまで介入する事態も予想されている。中村はこうしたテクノロジー最優先の生命科学研究の現状を厳しく批判し、他の生きものと同様に、人間がもともと具えていた「生きもの感覚」をあらゆる場面で回復すべきだ、と主張する。中村は言う。

「そもそも生きものとはわからないところがあるものであり、へたをするとなんのためにあるのかさえわからない。でも、存在すること自体に意味があるらしいと考えるところから出発することが必要です。どういうものだから大切にするとか、こういうはたらきをするからすばらしいというのではなく、そこに存在すること自体が大切なのが生きものであり、命を大切にするとはそういうことなのです。そして、これは、誰かに教えられてわかるものではなく、自分が生きものだという感覚があれば、おのずとわかってくるはずのものです。生きもの感覚は、人間を含めてさまざまな生きものと接することで磨かれます。」（中村［二〇〇二］『「生きもの」感覚で生きる』講談社、五三頁。傍点は引用者のもの）

道具や機械だけでなく、人間までもが、その働きや機能のよしあしによって合理的に選別される時代にあって、「生きもの」はそのままですばらしいと訴える中村の主張は、生命科学の最先端の科学者のコトバであるだけに、傷つきやすい子ども・若者に向けた励ましと癒しのメッセージにもなる。なぜなら、中村は、生きものは、そもそも存在することそれ自体に意味があるのだと、無条件の受け入れを主張しているからである。そこには、有用性や力の有無を超越した無条件の存在承認がある。生きとし生けるものの受容と仏教でいう「慈悲」に近い存在への愛おしみの感覚がそこには溢れているように感じられる（中村［二〇一六］『絵巻とマンダラで解く生命誌』青土社）。

第3節　〈他者の声〉を聴く――結びにかえて

宮沢賢治の授業

本書を、筆者が大学院生のころに教えていた学習塾でのある中学生との出会いからはじめた。それは、「先生は、なぜ勉強するのですか？」という、実にストレートな問いかけであった。しかし、あまりにも本質を突いた問いかけだったので、当時の筆者は、その場しのぎの常識人の答えしか言えなかった。生徒が落胆したのは無理もない。

あれから、星霜五〇年。牛歩のごとき歩みではあったが、教育哲学の世界で仕事をしてきた今の自分ならどう答えるだろうか。これが本書の執筆の動機の一つでもあった。そろそろ結論をださなければならない。

学ぶ意味、働く意味、そして生きる意味というコトバを本書では多用してきたが、本書で強調してきたことは、「意味」はコトバでしか説明できないが、ヒトが「意味」を理解できるのは認識のレベルだけでなく、生感情や暗黙知のレベルまで届かなければ「腑に落ちない」ということである。ましてや「学ぶ意味」などという抽象的な問いに対して、同じく抽象レベルで答えても、聴く人は納得できないだろう。「学ぶ意味」というものは、それぞれの場所に身を置くからだが、感受性レベルで肌で感じ取るものだからである。すなわち、「意味」とは理屈ではなく、ヒトがいるその場所で感じ取られる気分や生感情に深く根ざしているということである。

だから、右のような問いが生じる原因の一つとして、当時の筆者の塾の授業では、その生徒が学ぶことの面白さや意味を自然に感じ取れる暗黙のメッセージが欠けていたのだ、ということになる。恥ずかしいことだが、生徒が意味を感受できる場所を当時の筆者はつくれなかったということ。もちろん筆者の授業ばかりではない。中学校の授業も同様であったのかもしれない。

しかし、ここからが大事なことだが、学ぶ意味を暗黙のうちに感受できる授業とは何かと、さらに考えてみると、それは、子ども・若者の生世界の揺れ動きに共振できる授業ではないか。子どもは、四〇人いれば四〇通りの生世界があり、それぞれ微妙に異なった生世界を生きている。生命体であるからそれは当然のことだろう。だから、それらの多様な生の願望に対応できる一斉授業などというものは、あり得ないのかもしれない。

目標があり、年間指導計画があり、週ごとの指導計画が定められている今の学校で、かつて花巻農業高校で宮沢賢治が実践したような特異な授業（土壌学）を期待することは難しいだろう。賢治のからだから発する独特のエコロジカルな世界観は生徒たちを魅了し、生徒たちからは「星からきた先生」と呼ばれ慕われていた。風変りではあるが、独特の世界観を滲み出さずにはいない教師。そこにいるだけで、生徒の生が日常から目覚めてしまう教師。これは、まさに人生の教師だ、ということになる（畑山博［一九九五］『教師、宮沢賢治のしごと』小学館、一三六頁）。

ある時、賢治の土壌学の授業で、どうすれば稲をいっぱい収穫できるように育てることができるかと、生徒が尋ねた。賢治の答えはこうだった。「稲とお話することを覚えなさい」と。さらに賢治はこう続けた。

「そうすれば、稲が、今おれ肥(肥料)しなんぼ欲しいと言っているかがすぐ分かる。稲は、顔でそれを表している。」(前掲書、六三頁)

稲の顔を見れば、稲がいま何を欲しているかがすぐにわかる。水が欲しい、虫に食われて痛い、根元の養分が足らないといったことを、稲は無言で君に話しかける。稲の顔をよく見れば、それが聞き取れるのだ。だから、稲とお話することを覚えなさい。これは、科学的な土壌学を熟知した上で、稲をヒトと同じ「生きもの」(中村桂子)と見なし、稲と応答する世界を生きた、まさに宮沢賢治らしい授業風景である。

賢治が教えたのは、土壌学の知識や技能であるが、生徒たちは、その土台にある農業というものの哲学、稲や野菜を育てるということの意味をエコロジカルな世界観を通して感受したのである。これはもはや近代学校の制度化された職業的「教師」(teacher)ではなく、人格的な感化をともなう人生の「教育者」(educator)と呼ぶ方がふさわしいであろう。

そう考えると、知識や技能は学校で学べるが、ヒトがなぜ学ぶのか、なぜ働くのか、なぜ生きるのかといった人生を教えてくれる「教育者」が実に少なくなったということなのかもしれない。ヒトが学んだり、働いたりする意味は、今ここで感じ取られないとすれば、将来になってもわからないはずである。すでに紹介した何人かの不登校の若者たちの手記には、学ぶ意味や生きる意味を、フリースクールに行ってはじめて体感できたということが記されていた。子どもや若者たちが、「いま、生きてあることの不思議」を誰かとともに語り合えるような場所が、高校の居場所カフェのような場所が、もっともっと必要になる時代なのだと思うのである。

いま、ここにしかない生

不登校や引きこもり経験者の手記を読んでいつも感じることは、彼ら／彼女らは、学校というマラソン・レースに好きでもないのに参加させられ、しかもまわりの者と一緒には走れないという感情レベルの拒絶感である。不安や劣等感が不登校や引きこもりを生んでいる。生感情がひどく傷ついているのだ。学校に戻り、職場に行くことが望ましいことぐらい、言われる前にみんなわかっている。だけれども、みんなと同じように、「明るく前向きに」勉強したり、働いたりできないのが不登校であり、引きこもりである。前向きになれない彼ら／彼女らの生は、異常なのだろうか。

考えてみれば、すぐにわかることであるが、近代学校は、近代国家の成立とともにはじまり、国民国家の形成と殖産興業の推進と不可分な役割を背負っている。そうした近代化を推進する過程においては、大正、昭和期の私学の新教育系の諸学校を別にすれば、学校は有無をいわさず殖産興業の人材育成に励まざるをえなかった事情もわからないわけではない。しかし、明治初期から高度経済成長の終わる一九七〇年代半ばまで、企業はもとより学校も、森鷗外のいう「普請中」の状態にあり、家の完成をめざして走り続けてきたのではないだろうか。それで、完成した家はできたのか。そんなものはないのだと、鷗外は一一〇年も前に看破している。ただ走ることが目的なのだ、と。近代化とはそういうものなのだと。

若いころに国費のドイツ留学を果たし、公衆衛生学の考え方を日本に広め、軍医総監にまで上り詰めた森鷗外が、ドイツ事情とドイツ文学の翻訳に努めるばかりでなく、幕末以前の下級武士の日常を描く小説を何篇も書いている。『阿部一族』、『山椒大夫』、『高瀬舟』など。そこには、日常生活のなかに生きる意味が存在し、社会的不遇や降りかかった不運をも宿命として受け入れてきた人々の姿が淡々と描かれる。生はいまこの場所にあるのであって、未来にあるのではないと、小説の中の鷗外は何度もくり返す。

江戸時代のころ、大工などの職人の世界では、もらった給金を気前よく一晩で使い果たし、「江戸っ子は宵越しの金はもたない」とタンカを切ったものだった。金はなくとも、働けばなんとかなるという職人気質がそう言わせたとも考えられる。ところが、明治時代に入ると、「あしたはあしたの風が吹く」とか「そのうち何とかなる」という、いまを大事にする気分は急速にしぼんでいく。理由は簡単で、毎年、大晦日にリセットされる循環する時間のなかで生きていた人々が、明治期以後、一直線に未来に延びた時間の中に住むようになったからである。今、宵越しの金をはたいてしまうと、誰も助けてくれない自助(self-help)の社会に大きく転換してきたからである。そして、いつの間にか未来のプロジェクトや目的達成のために、今があると思い込むようになった。私たちは、いつも達成すべき未来から逆算して、いまの生を意味づけるようになった。

よい大学に入るために、いま受験勉強に励む。一つのプロジェクトを実現するために、いま必死で資金を集める手だてを練る。「よい大学に入るために」「プロジェクトを達成するために」がその意味となる。未来へと一直線に伸びたベクトルが、わたしたちの生を意味づけるようになった。

しかしそうなると、いま、この居間にいてお茶を飲んだり、家族と喋ったり、音楽を聴いていたりすることそのものには、何の意味もないように感じられる。いや、レクリエーション（re-creation）というコトバが示すように、仕事に万全に取りかかるために必要な心身のリラックスという、仕事中心の意味が貼りつけられる。すべてに意味があり、無意味なものは何もないかのように仕組まれてしまう。

「勉強する意味」も、この仕事サイクルの中にしっかりと組み込まれてしまう。ムダ、道草、余白なるものが消えてしまった時間と空間。だから、とっても息苦しい。

この息苦しさから抜け出すには、未来志向に回収されない、コンサマトリー（自足的）な生の感情を取り戻すしかないようである。そして、生きることそのものを豊かに充実させる生感情を解放すること。爽やかな五月の風を感じて街を歩き、友だちとお喋りし、好きなミュージシャンの音楽を聴く。そうした何気ない日常を、勉強や仕事に制約されない自由な想像力に満ちた生を感じ取れること。

東日本大震災で被災した子どもたちの声に耳を澄ますこと。不登校の子どもたちや、就職試験で失敗したり、リストラされて行き場を失った引きこもりと呼ばれている人々の声にならない声にじっと耳を傾けること。生は歓びであると全く同じ意味で苦痛や悲鳴でもあるからだ。そうした声を聴きとれる感受性を守ること。それが、いきいきした生を生きている証なのではないか。

世界と応答する生

生のドアを狭くしないで、いつも世界や他者からの歓びの、あるいはうめくような小声が聴こえるように、開けて生きること。このような開かれた生を持続させるためにこそ、わたしたちは学ぶのではないだろうか。世界と応答する開かれた生であり続けるためにこそ、わたしたちは学ぶのではないだろうか。

そのために大事なことは、世界の外に身をおいて、世界を操作的にコントロールすることではなく、世界の中に暮らし、宇宙や地球という大きな生態系の流れのなかに身を溶け込ませることではないだろうか。自分という存在へのこだわりは、そこでは消えていくはずである。先にも引用した哲学者の小林康夫は、次のようにも言っている。少し長いが、大事な言葉が続くので引用しておきたい。

「われわれは日々、外のいろいろな世界の、たいていはつまらないものに思いをかけ、その思いを錨《いかり》のように世界に投げ入れながら生きています。そうでないと、くずれたままのダイナミズムは、とても自分では処理しきれません。世界のなかに根を張り、その根をいわば基盤にしながら、いろいろなものと交流するというふうになっているのではないでしょうか。

いまの時代に重要なことは、そういう意味での『根』だと思います。フランスの哲学者シモーヌ・ヴェーユも『根』ということを言っていますが、簡単に言えば『愛』と言ってもいいものではないかと思います。それは、その人その人によって違う何かだということを、われわれは認識する必要はあるのではないかと思います。

こころにとっては、流れ入るということが最高の経験で、流れが止まった場合には、こころが自ずからその中でマイナスの渦をつくり、いわば自己破壊を起こします。すべてのこころの生態系にとって、あるいはエコシステムにとって大事なことは、『流れていくこと』だと思います。流れる先は、他人のこころであってもいいし、花でも、空でも、何でもいいわけです。世界と交流し、流れてきたものを受け入れ、自分もそこに何か流していくことが大事だと思います。」（小林康夫他［二〇〇〇］『こころの生態系』講談社、二七—二八頁。傍点は引用者のもの）

「世界と交流し、流れてきたものを受け入れ」るということは、主体的で、アクティブな生とは真逆なものと言える。身構えず、受動的に世界を受け入れるということである。アクティブな生が攻撃的、戦略的で、自己防衛的で、閉じられた生であるとすれば、受動的な生は、共感的、共振的で、受容的な開かれた生であると言うことができる。それは、世界と深く応答できる流動的な生のかたちである。哲学者の河野哲也は、次のように書いている。

「私たち人間は、見方によっては哀れなことに、ただ単に生きることに満足ができない。人間はただ存在していることができない。私たち人間は、意味、目的、価値と呼ばれる最終到達点に至る道を歩んでいこうとする。そして、その到達点から、逆算して自分の位置に意味を見いだそうとする。」(河野［二〇一六］『いつかはみんな野生にもどる——環境の現象学』水声社、三九頁)

時間が循環する前近代社会とは異なって、近代社会では、意味は未来へのベクトルに回収されてきた。しかし、河野は続けて次のように言う。

「意味に対立するのは無意味である。無意味とは、どこにも向かうことがなく、何とも結びつくことなく、ただ存在することである。あるいは、どこにでも向かい、何に対して結びつきながら、ただ存在することである。筆者は、ある年齢になってから無意味なものに魅了され続けている。無意味で美しいものに。私たちは、この無意味性をしばしば自然に見いだす。」（前掲書、四〇頁。傍点は引用者のもの）

自然は黙ってただそこにあるが、生の意味は、意識が切り取るものとなって久しい。しかし、意味を切り取る意識も、もとをただせば、ヒトの生命活動の一部にほかならない。自己保存と種族保存という生命活動を越えた過剰なエネルギーをこの意識は持ってしまった。動物は、自己保存と種族保存に専念するから、余分な問いは生まれない。そんなことをしていたら、その種はとっくに滅んでいただろう。人間だけが、「生の意味」を問う過剰部分を持ってしまった。そのパラドクシカルな人間の「不幸」を見抜いたのが、コトバから生への帰還を主張しつづけたニーチェである。

だから、「生の意味」を意識やコトバで百万語かたり尽くしても、まだその先を問うのが人間の悲しき性《さが》と言うほかはない。意味は、子どものように、からだで感じ取るしかないものである。これがニーチェの結論である。学ぶ意味、働く意味をからだで感受できれば、人は納得する。意識して納得するのではない。「おのずから」なる生のレベル（からだ）で納得するのである。

からだや無意識に連なる自然は、おのずからにして、ただそこにある。ということは、意味、無意味という「意識」の詮索を一度中断して、森や林を歩きながら、意識と無意識の間に漂う気分や生感情に身を委ねてみることが大切なのだと思う。

ゲーテからニーチェ、ベルクソン、ドゥルーズに連なる生の哲学では、近代哲学のように、自然をモノ化することなく、むしろ、大地や水など、生きた自然に包まれてかろうじていのちをつなぐ人間を見出したと言ってよい。生産性が自己目的化され、未来への準備としての時間にすべてが回収されてしまう産業社会の病理を超えて、自然のなかに身をおき、音楽、絵画、彫刻、文学といった芸術的な創造活中に生の自己表現を見出そうとしてきた。

「つくること」に専念して、瞬間、瞬間を生きることが大切なのだと思う。結果や成果にとらわれるのは、制度化されたまなざしに服従することにほかならない。筆者が好きなゲーテのコトバに、次のものがある。

「人間のことは考えるな、事柄を考えよ。」(手塚富雄[一九七八]『いきいきと生きよ』講談社新書、一六八頁)

広い意味で何かを「つくる」という職人的な行為そのものに専念すること。他人がその結果をどう言おうと、どう評価しようと、それは、あなたにとってはどうでもよいことなのだ。事柄に専念する瞬間こそが、まぎれもなくあなたが生きている時間であり場所なのだ。生きる意味は、そうした行為の中からしか立ち上がらないのである。

第6章　生のリズムと子ども——共振する生

第1節　子どもの生とリズム

子どもという生命存在

ある大学の附属小学校に赴任したときの忘れられない光景からはじめたい。

この小学校では、始業式や終業式などの全校児童が集まる行事の折は、最後に校歌を歌うことにしている。横浜港を眼下に見渡せる高台にある小学校で、心が世界に羽ばたくような歌詞で、とてもリズミカルである。

四月に着任して、はじめて子どもたちが校歌を歌う姿を壇上から目にしたときのこと。新一年生を迎えて歌う二、三年生の元気のよい声が講堂にひときわ高く響いた。大声で歌うだけでなく、からだでリズムをとり、両手もその曲に合わせて自然に動く。校歌をからだで歌っているのだ。

ところがよく見ると、後方の列にいる上級生の歌い方はそうではない。手や足でリズムをとっているものもいるが、大多数は直立しただけの姿勢で、口だけで歌っている。校歌のリズムに、子どもの自意識がつきあっているという様子に見える。音に対する反応が、低学年と高学年では、これだけ違うのかということを、目の当りにした瞬間だった。

同じ場所に集いながらも、低学年と高学年の歌い方の違いは、他の教員にとってはごく日常的な出来事であるらしく、私の小さな驚きをベテラン教員に話すと、音感に乗りやすい低学年と乗りにくい高学年という説明であっさり処理されてしまった。しかし、子どもという存在を「生」という心身の動的な流れから捉えようとしてきた私にとっては、この出来事は実に新鮮であった。だから、このままにせず、いつかもう少しきちんとした考察をしてみたいと思ったのである。

子どもを、自立や社会性の獲得といった教育学でよくなされている社会的枠組みだけで理解するのではなく、もっと生命の深みに錨《いかり》を下して、生命系のレベルで子どもをとらえ、生命存在としての子どもが大人になるとはどういうことなのかを考えてみたいと思ったのである。あえて言えば、これは教育学という既成の学問の土俵から大きく逸脱する問いであるかもしれない。自立や発達支援という、ありきたりな教育学の枠組みを離れて、子どもという生を、現代の生命哲学や生命諸科学の成果も視野に入れて、あらためて構造的に捉え直してみたい。そう思うようになったのである。

生命圏と文化圏のあいだ

そこで、まず考えられることは、子どもの生の問題は、第一に、いのちという生命圏の問題と、第二に、言語に代表される文化圏の問題という二重の圏域の重なりから生じる、ということである。人間は、生命存在でありつつ、同時に文化的存在だからである。あるいは、人間は自然の一部でありながら、自然から離脱した文化を蓄え、それによって自然を統御しようとする存在であるともいえる。自然からの離脱と自然への回帰。この矛盾する衝動のベクトルが人間を動かしてきた。ニーチェ的にいえば、アポロン的理性（文化）とディオニュソス的衝動（自然）の対立と葛藤ということになるだろう（ニーチェ〔西尾幹二訳、一九六七〕『悲劇の誕生――音楽の精神から』中央公論社、世界の名著、四五四頁）。

ところが、これまで子どもの教育といえば、「社会化」(socialization)や「文化化」(enculturation)というコトバもあるように、もっぱら文化圏とのかかわりで論じられるのが常であった。自然は、野蛮や未開に等しい位置づけでしかなかった。これには理由がある。

近代社会において自覚された教育（education）は、大自然はもとより、この世に存在するすべてのものを対象化して資源（resourses）と見なし、その資源の力を最大限に利用するという近代哲学の開発（development）思想に由来する。第3章でも詳しく述べたが、ハイデガーが「総かり立て体制」と名づけたものがこれにあたる。

それは、身分制度や魔術的思考に縛られた中世的秩序から抜け出る上では、たしかに必要な思考方法であったかもしれない。現に、スイスの著名な教育実践家ペスタロッチー（J. H. Pestalozzi）の教育思想は、子どもの内に眠る諸力を身分の格差なく開発するというもので、開発主義教育思想の原型と見なされている。また第三世界や発展途上国への教育援助は、一般に「開発教育」（development education）と称され、この用語は現在でも使用され続けている。魔術的因習がなお残る未開の地域を、近代医学や技術の力で開発して、人々の啓蒙と文明化を促進するというニュアンスが残るコトバである。

このように開発という考え方は、必ずしも悪いイメージではない。しかし、この考え方の奥底には、大自然の脅威から身を守り、自然を統制して、そのエネルギーを人が利用することを当然のことと見る〈まなざし〉が潜んでいるように思う。しかも、利用の対象は、目に見える自然のみならず、動植物の飼育や栽培、そして子どもの素質や能力にまで及ぶようになる。

教育というコトバは西洋近代文明の発展とともに重要度を増し、いまや国際的な教育競争の時代に立ち至っている。子どもの内に眠る無限の可能性を開発するという名目で、子どもは教育という名の開発操作の対象となってきたのではないか。

近代文明の黎明期の子どもの生は、生命圏に生きることはあまり意識されず、早く大人の労働に参加して、社会的に自立した生活(life)の主体になることが期待された※。したがって、子どものライフ(life, Leben, vie)は、「生」や「いのち」という生命圏を表す訳語は充てられず、社会生活を強調した「生活」と訳され、人口に膾炙していった。子どもは「生活の主体」である、というように。

※　ルソーは、教育小説『エミール——または教育について』(原著、一七六二年)を執筆するにあたって、主人公のエミール少年の条件として、家庭が豊かなことに加えて、「健康な子ども」であることを挙げている。不健康な子どもは、健康の維持だけに注意を払って生涯を費やさざるを得ないからであると言う。この後半の条件については、現代から考えれば、疑問視されるのは当然である。病弱だったルソー自身の生活への後悔の思いが含意されていたとしても(ルソー［平岡昇訳、一九七七］『エミール——または教育について』河出書房新社、二七頁)。

しかし、日本の近代化が終焉するほぼ一九七〇年代半ばから、子どもの生は未来志向で自立的なものではなくなる兆しを見せる。不登校の子どもの増大、高校の中途退学者の増大、子ども社会におけるいじめの続発と、いじめが原因の一つと思われる自殺者の増大など。そして学校に行くこと、学ぶことの意味すら感じ取れない子ども・若者も増えている。これが、二一世紀を二〇年近くも過ぎた現在の状況である。子どもの生を、文化ばかりでなく、生命との関係で、その自己治癒力や能動性を回復すべく考え直さなければならない時代になったのだと思う。

そこで、本章では、子どもという生の問題を、通常の教育学のように、文化圏との関わりにおいてではなく、「いのち」や生命圏との関わりで考察していくことにしたい。

第2節　自《おの》ずから生きる生命

生きる歓び

第4章でも述べたが、生きる力というコトバが教育界に登場したのは、一九九六年のことである。「子供に生きる力とゆとりを」という第一五期中教審第一次答申のサブタイトルで、教育界やマスコミで、もっぱら注目を浴びたのは「ゆとり」教育であった。これに対して、「生きる力」の方は、その概念の曖昧さもあってかなり恣意的に使用され、あまり議論の対象にはならなかった。しかし、筆者に言わせれば、「生きる力」というコトバの方こそ、単なる教育行政用語のレベルにとどまらず、衆知を集めてさらに深く学問的に検討されるべきものであった。それは、子どもの生というものを、どう理解すべきなのかという教育学の根幹に関わる問題が含まれているからである。

文部科学省の英文ホームページによれば、「生きる力」というコトバは、“Zest for Life”と訳されている。辞典によれば、zestとは、①熱中、熱意、心からの喜び、②生気、活力、活力をあたえるもの、③強い（ぴりっとする）風味、とある。zestは、心の内奥から湧き起ってくる歓びや生気に近いものであろう。とすれば、「生きる力」の英訳は、「生きる歓び」「生きる活気」に近いイメージで説明されていることになる。この英訳は、筆者には納得のいくものである。

なぜなら、生きる力がその根元から活気づくには、自己組織的な生命の円滑な活動があり、それとともに、人の歓びの情動が湧き出てくるからである。能力や力は、それを発揮したくなる情動（やる気）に支えられてはじめてかたちになる。能力や力は、情動の強い後押しなしには発動しないものだからである。スポーツ、とくに柔道や剣道など、瞬時の動きで勝敗が決まるものは、すべて一瞬の呼吸が左右する。気合を入れるという言い方もあるように、ここでは合理性や計画性は通用しない。それは、生は持続というよりも、むしろ瞬間を生きるものだからであろう。ベルクソンのいう「生の躍動」(élan vital)とは、まさに瞬間の出来事である。だから、それはコトバで説明しても、うまく伝わらない。体験した者にしかわからない。西洋の合理主義思想に背を向け、生それ自身の強度を追い求めた文芸評論家の小林秀雄が、ベルクソンから強い影響を受けたのも納得がいく(小林[一九七九]『私の人生観』中央公論社、日本の文学、所収、三五頁)。

オートポイエーシス

生命体の特徴

生命とは、意識的に生きるものではなく、自(おのず)から動くものである。みずから(意識的に反省して)動くというのではない。生きものは、それぞれの遺伝子に予めインプットされた種の行動システムに従って、自発的に行動する。外部の刺激に対して反応するというのでもない。あくまでも内発的、自動的に動くのが生きものの特性である。

生きものを「非生きもの」と区別できるのは、それが、「絶えず自己を産出し続けている」（H・R・マトゥラーナ／f・J・ヴァレラ、後述書、五一頁）という点にあると言われる。自発的に環境に対して働きかけていると言いかえてもよい。生物学者のマトゥラーナとヴァレラは、こうした生きものの特質をオートポイエーシス（自己創出 autopoiesis）と名づけた。このオートポイエーシスの主な特徴は、以下の四点である。

一、オートポイエーシスは、自律的である。それが、プロセスのなかでどのように形態を変えようとも、オートポイエティック・マシンは、あらゆる変化をその有機的構成の維持へと統御する。

二、オートポイエティック・マシンは、個体性をもつ。すなわち、絶えず産出を行い、有機構成を不変に保つことによって、観察者との相互作用とは無関係にオートポイエティック・マシンは同一性を維持する。

三、オートポイエティック・マシンは、固有のオートポイエティックな有機構成をもっているので、単位体を成している。

四、オートポイエティック・マシンには、入力も出力もない。

（H・R・マトゥラーナ／f・J・ヴァレラ［河本英夫訳、二〇〇七］『オートポイエーシス』国文社、七四頁。）

単細胞のアメーバを含めて、あらゆる生きものがオートポイエーシスであるといわれる。もちろん人間も生きものであるから、「絶えず自己を産出し続けている」オートポイエーシスであることに変わりがない。私の心臓は、私が眠っているときにも動き続けているし、何十億という細胞はそれぞれの自己システムに従って細胞を再生産し続けている。そうなると、私とは、理性や自我という高尚なコトバで代表される前に、からだという生命体が無意識に古い細胞を更新し、再生産し続けていく運動の中に生じた現象の断片や集合体に過ぎないのではないかとも思えてくる。ヒトは意識や言語を有するが、こうした生命保存のエネルギーを超えた過剰エネルギーを発達させる以前から、ヒトはオートポイエーシスであることがわかるだろう。。

生物と無生物の違いは、福岡伸一もいうように、一般に考えられているほど単純なものではないが※、生物は、外部からの刺激に反応して動くだけでなく、もともとおのずから動くものである。石は外部から動かさなければ動かないが、単細胞の生命体であっても、生の持続を求めておのずから動く。Animalという英語の訳語は動物であるが、それは「動くもの」の意味であり、言い得て妙である。動物とは、自ずから動くものなのだ。

※福岡［二〇〇七］『生物と無生物のあいだ』講談社現代新書、一六四頁

植物であっても、地下に水分や養分を求めて根を張り、太陽に向かっておのずから葉や幹が伸びる。あたかも自動機械のように、根を張り、葉を伸ばす。昆虫であれば、餌を求めて動く。まさに生命体とは、自己組織体であり、マトゥラーナたちの言うオートポイエーシス（自己生成体）なのである。意識的に動く前に、すでに無意識に動いているもの、それが生命体である。

人間のからだの動きを見れば、そのことはよくわかる。朝、子どもが起きて、顔を洗う。服を着替える。食事をとる。学校に行く。教室で友達とお喋りする。外から見ていると、子どもたちは、意識してこうした行為を次々と選択しているように見えるが、実際はそのからだを安全に維持する機能がつねに無意識に働いている。体内の新陳代謝、手足や腕の筋肉が機能的に働き、からだのバランスや安全が維持されている。無意識の生の動きが、意識を支えているのである。

からだの拒絶反応

よくある例であるが、不登校の子どもが親に促されて、今日は学校に行こうとする。しかし、校門が見えるところまで来ると、なぜか足がすくんでしまう。元気な先生や生徒の姿を見ると、なぜかめまいや吐き気がして、うずくまってしまう。なぜそうなるのか、と教師に尋ねられても、本人はわからないとしか言えないだろう。これは意識的に説明できる現象ではないからだ。

これは、自《おの》ずから動く生命体としてのからだが、学校という場所に拒絶反応を起こしているのだと考えたほうがよい。意識は学校に行こうと思っても、からだ(無意識)が拒絶しているのである。ところが、親や教師は、子どもにもっと頑張れ、努力しなさいという。問題は、生命という無意識レベルの機能不全にあるにもかかわらず、もっぱら意識レベルで対応している。これでは、子どもは、どうしていいかわからなくなる。子どもが行きづまっているのは、無意識レベルの生の委縮もしくは硬直化のせいだからである。校門が見えると、なぜお腹が痛くなってしまうのか、本人にもわからないのだから。

子どもの生の衰弱は、戸外の自然や動植物とのかかわり体験の不足や家族、友達との温かいつながりの欠如など、複合的な要因によるものと考えられる。おのずから生きる生命体は、動物でいえば、環境に適した野生状態にあることが大切である。寒暖の差があまりにも厳しかったり、餌が食べられない状態では死に絶えるしかないが、環境に適した状態であれば、あとは五感をフル動員して、仲間と群れをつくり、餌となる動植物を探し、敵から身を護る技を身に付けていく。そうした環境であれば、生きものはつねに行動し、草をはみ、狩りをし、生存を続けていくことができる。

生きものはすべて、自己生成体で、生物学の用語を使えば、オートポイエーシスだということになる。オート（auto）は、おのずから、ポイエーシス（poiesis）は制作することを意味する語である。「おのずから自らを制作する」のが生きものであると言うことができる。

ところが、他の生きものとは異なって、生命圏だけでなく、さらに反自然的要素で構築された文化圏に生きる人間には、これに意識が加わることになる。意識や文化は、オートポイエーシスとしての生命体を高度に統御して生を活性化させるものであるが、逆にこれが生命にブレーキをかけたり、抑圧したりする事態も起こりうる。

身《み》分け構造と言《こと》分け構造

言語学者の丸山圭三郎は、ヒトは、一方で生命圏を生きる生命体でありながら、他方で他の生物では考えられないほど巨大な文化圏を構築して生を営む実に特殊な生物であるという。あらゆる生きもののなかで、人間だけが背負う特異性を、丸山は身分け構造と言分け構造というオリジナルな用語で説明する。

身分け構造とは、他の動物と全く同様に、遺伝子の中に、自己保存と種族保存という二大本能が組み込まれ、その本能から世界が分節されて見える状態をさしている。私たちは、朝食をとっても昼ごろには空腹になるし、夜になれば自然に眠くなる。思春期を迎えると、異性の存在が気になりはじめる。とはいえ、自己保存と種族保存という二つの本能だけで閉じられているならば、私たちの目に映る世界は、類人猿やチンパンジーとあまり変わらないものになるだろう。

ヒトが生きるもう一つの世界が言分け構造で、主にコトバを通して世界が分節化されることをいう。天地、海陸、上下、明暗、善悪といった区別(＝差異化)は、コトバがあってはじめて生み出される。このコトバが広がることで、ヒトの文化が生まれ、社会が生まれ、規範がつくり出される。ヒトはお腹が空いたときに、手づかみで餌をむしゃむしゃ喰らうのではなく、時間を決めて、一定の作法(マナー)に従って食事をする。そう、「餌を喰らう」のではなく、「食事をする」のである。ヒトは単に食欲を満たすのではなく、一定の文化という規則に従って、食欲を満たすようになる。食欲は、食事のマナーという文化に組み込まれて満たされるのである。これが言分け構造である。

このようにヒトは、身分け構造と言分け構造という二重のフレームの合成で世界を見ている。問題は、言分け構造（言語が構築した文化）が巨大化すると、それが生命がつくる身分け構造を抑圧し、もともとある食欲や性欲を変形させてしまうという事態も生じることである。若い女性が人目を気にし、細身のからだをつくるために節食して、自然に生じる食欲を我慢したり、逆に学校や職場における対人関係の過度のストレスから摂食障害や過食症になったりすることは、いくらでも見られる現象である。

これは、食欲が文化によって屈折させられる事例であるが、種族保存の本能としての性的欲求も、文化の抑圧を受けるとさまざまな精神的症例を生み出すことがある。幼少期に過度に潔癖なしつけを受け、性的なものに対する嫌悪感を母親から植えつけられると、特に女性が大人になってから抑圧された性の欲求が葛藤を起こし、神経症の原因ともなる。これはフロイトの有名な精神分析学が開示してみせた症例であるが、性的抑圧は、何も神経症に限らない。性的なフェティシズムという現象も文化の抑圧と無関係ではないだろう。

このように、ヒトは身分け構造と言分け構造という二重のフレームを重ね書きした色眼鏡で世界を見ているのである。そして大事なことは、文化や教育の問題になると、いつの間にかヒトが身分け構造（生命による分節化）によっても生きていることを忘れがちになることだ。近代文明は理性や合理性にかなった制度を作り、学校でも基本的には合理性に基づいた文化内容が教えられている。そうすると、人間社会の問題は、すべて合理性や合理的手続きですべて説明できるし、解決もできると思い込んでしまうようになりがちである。

合理性で解決できる問題もあれば、ヒトがもともと生命体であるという身分け構造に立ち帰らなければ、解決のできない問題もあるということが重要である。いま、医療分野では、尊厳死をめぐって議論が闘わされている。例えば、末期がんで苦しむ患者が、それ以上の延命治療を望まないという意思を明らかに示したばあい、あるいは患者の家族が延命治療を望まないことを表明したばあいに、専門家としての医師はそれに従うべきかどうか、という問題である。ここでも、ヒトは身分け構造と言分け構造の二重のフレームで生きていることが浮き彫りになる。

よく知られているように、ヒトは自殺をするが、動物は自殺をしない。この違いは、身分け構造のみで生存している動物と、身分け構造＋言分け構造で生存しているヒトの違いである。すべて生命体には、おのずから生きるという無意識の生の持続本能が組み込まれている。だから、動物は自殺をしないというよりも、遺伝子的にそれができないように仕組まれている。

ところが、ヒトは、生得的な身分け構造の上に、後天的な言分け構造が重ね書きされている。そのために、新たに学習した文化が、西洋のように自己選択を重視する文化であれば、おのずから生きるという生命体のオートポイエーシスの継続を、自分と親族の意思で断ち切ることも不可能ではない。しかし、日本のように、生命体の寿命が尽きるまでヒトの手を加えるべきではないという文化の中にあれば、尊厳死は難しいであろう。尊厳死をどう考えるのか、苦しむ患者が望めば、いのちの停止もありうるかは、その患者や家族が住む文化(言分け構造)によって判断が大きく分かれることになる。

第3節　生命・リズム・運動

ムカデの歩き方

生命(いのち)を目で見ることはできない。人体から心臓や脳という臓器を取り出しても、これが生命だと言うことはできない。生命とは、からだの臓器の一部を指すものではなく、生あるものが自動的、無意識的に動く「はたらき」を指しているからである。「はたらき」は、無意識に行われる。それを意識化すると、かえって生命の動きに支障が出ることもある。

毎日、通学や通勤で、私たちは道路を歩く。横断歩道では信号を見て、赤であれば止まり、青になると進む。これは、からだの動きを、社会のルールに従って、意識的に統制しているということである。時間帯によっては、赤信号が非常に長く、イライラ感が募ることがある。それは、先を急いでいるということだけでなく、それまではリズミカルに歩いてきたからだが不自然に停止させられたので、からだが再始動を求めているからでもある。

今日の暦《こよみ》では、玄関から出るときは、右足から出た方が幸運が舞い込むという占いを信じて、日によって、出る足を変えるという人の話を聞いたことがある。これは、意識化したもの（暦文化）が、からだという無意識を統制するよい例であろう。社会のルールや占いでの幸不幸福といった観念（意識）が、無意識の生の流れに歯止めをかけている。

よくある笑い話に、ムカデの話がある。沢山の足を上手に動かして歩くムカデを見て、他の虫が、どうやって何十本もの足をそんなに上手に動かせるのですか？　教えて下さい、と聞いた。すると、ムカデは、親切に歩き方を説明しようとしたが、自分でその説明通りに動こうとすると、足元が混乱してかえって動けなくなってしまった、という話である。

昆虫は、おそらく無意識に動いている。昆虫ばかりでなく、あらゆる動物は、無意識に動いている。獲物を追うライオンであっても、おそらく無意識に行動している。人間だけが、文化や社会を創ったために、無意識からはみ出る部分を持つようになったのである。これまでは、文化の恩恵ばかりが強調されてきたが、二〇世紀思想は、かならずしもそうではないことを暴露してきた。ニーチェ、フロイト、ユング、ソシュールなど。

高度な文明社会に生きる私たちも、他の動物と同様に、無意識、受動的に生きている部分があることは忘れてはならないのではないか。どんなに文明が高度化しても、人間は生きものの一種に過ぎない。生きものとしての動きに沿う方向でしか生きてゆけないことを自覚すべきではないか。言語学者の梅田規子は、次のように言う。

「人間はだれでも、自発的に行動しているときには、生き生きと活動的なものである。それは、喜怒哀楽よりもさらに奥深く力強い情動が、その支えになっているからである。たとえば、好奇心や集中力、また生き甲斐や視点の広がりなどといった生命力に裏打ちされている情動が動いてくるのである。そうするとそこに、命の躍動とでも呼ぶようなリズムが生じる。そういうときには、命のエネルギーの集散サイクルが、最も円滑に行われるのである。そしてそういうとき、人間は無心の境地に遊ぶことができる。」（梅田［二〇一二］『ことば、この不思議なもの』冨山房インターナショナル、八頁）

「命の躍動」、「生命力」、「命のエネルギー」は、いずれもベルクソンの生の哲学の核心を示す用語である。言語学者である梅田は、コトバはコミュニケーションの単なる道具でも、モノを指し示す記号でもなく、ヒトを内部から突き動かす生命が声を通してかたちになることであると言う。コトバは、文字である前に、からだごと振動する声が基本である。それは、ヒトに宿る生命や生の躍動が内部からからだを突き動かして表出するものなのだ、と言う。口や喉ではなく、からだの深部が声を発するのである。

だから、ヒトのからだを縛って、身動きできない状態にして話をさせると、声が十分に出ない。話もぎこちないものになるという実験結果を、梅田は示している。しかし、そのヒトを解放して自由にしてやると、身振り手振りを交えてしゃべることができる。すると、別人のように、次から次へと張りのある声が湧き出でくる。声が活気づき、話もはずんでくる。そう、コトバはからだの中にある生命や情動から湧き出るものなのだ。

生のリズムに共振する

梅田のこの本を読んで、冒頭で述べた小さな出来事の疑問が解けたような気がした。校歌を歌うときの学年の違いによって子どものからだの動きが違うのはなぜか、という疑問である。

二～三年生が、手足を動かし、からだごと校歌を歌うのに対して、五～六年生は、直立した不動の姿勢で、口だけ動かして歌うという歌い方の違いが不思議だった。これは、梅田理論によれば、低学年の子どもたちは、まだ文化の抑圧が少ないので、校歌の軽快なリズムに合わせて内に潜む原初的な生命が刺激され、声を出すことの快感で、からだが自然に共振してしまうのだ。

ところが、高学年の子どもたちは、校歌を歌うことに慣れきっているばかりか、たっぷりと活字文化や規範が内面に刷り込まれている。生命から湧き起こるリズム感や情動が自己抑制されてしまう。だから、口パクだけの校歌になってしまうのではないか。そう思ったのである。からだが、文化によって規律化（M・フーコー）されているのだ。梅田は、自然の中にあるリズムと、人々が楽し気に語る会話のリズムの中にも、ある共通点が見いだせると、次のように言う。

「自然の動きにはリズムがある。水面を走る水すましやアメンボーの動きにも、枝から枝へ飛び移り、駆け巡る栗鼠や猿の動きにも、豆の木の蔓の延び方にも、また木々の間を吹き抜ける風の息吹にも、自然には人を惹きつけるような躍動がある。決して規則正しい動きではないのに、なんとも言えない繰り返しがあり、私たちはそこに命のリズムを感じる。そのリズムは、私たちを全身を預けてしまいたくなるような心地よさに導く。研究室のみんなが自由会話の声に見出したリズム感は、それらのリズムの命と相通じるものだった。そして大西洋に面した一直線の砂浜の波打ち際での波の動きも、しゃべりの声の波と同じリズムだな、という感じを持ったのである。私たちが日常自然にしゃべるのも、それが快感を与える行為でなかったら、いったい誰がしゃべろうなどと思うだろうか。」(梅田、前掲書、二六頁)

自然のリズムは、私たちの日常の何気ない会話の中にも現れ出る。それは、歩く時にも、走る時にも、そして電車の座席で居眠りをする時にも現れ出る。これらは、みな無意識に行っている行為である。しかし、意識的にこれらを行おうとすると、ムカデと同じ失敗に陥る。無意識にやれば、いつのまにかリズムが戻ってくる。生命や生というものは、自然と同じように、意識化すると消え、無意識になると姿を現わすものなのであろう。

ことばと生感情

若者が、喫茶店などで、友だちとしゃべっている。会話がいきいきと進み、途切れることがない。笑顔がはじけそうだ。その場のノリとリズムでおしゃべりがはずむ。このとき、しゃべり合っている若者の感情は、おそらく楽しさに溢れている。しゃべる快感に満たされている。

ところが、同じ若者が、高校や大学の授業に出席し、生徒・学生として発言を求められたときは、こうはいかない。教室という場所に身をおくと、学生は借りてきたネコのように身を縮ませる。この違いは、なぜ生じるのだろうか。

教室は、喫茶店のように無意識にしゃべることができる場所ではなく、一定の規則（たとえば、教育学概論などといった）のもとにしゃべることを要求される場所である。その場所は、たくさんの見えない規則によって構成されている。その規則を熟知した教師は、教室では水を得た魚のように泳ぎまわり、その規則をまだ知らない学生が借りてきたネコのように緊張するのは当然のことなのだ。

一般に、教師はしゃべり過ぎるとよく言われる。それは、教室を構成する見えない規則を熟知している者と、規則自体がまだよくわかっていない者の意識の落差がもたらす結果であろう。学生たちは、しゃべりたくても、その教室の言語規則がわからないのだ。そんな緊張を強いる場所で、一人饒舌でいられる教師の気持ちが、筆者にはよくわからない。

四〇年以上にわたって、大学で授業をしてきた経験から、私は学生に問いかけるときは、相手が緊張しないようにと非常に気を遣ったものである。最初は、誰にでも簡単に答えられそうなことを尋ねる。ごく簡単な問いかけをして、学生が楽に答えられることを、なるべく詳しく答えてくれるようにしむける。そうしないと、学生は自己防衛心がはたらいて、ごく簡単に答えて口を閉ざしてしまう。わかりました、大丈夫です、と言うように。

授業が進むにつれて、問いかけの難度を上げていく。しかし、このばあいでも、うまく答えられなくてもかまわないというメッセージは常に伝え続ける。要は、学生が教育学概論の規則を理解して、いっぱいしゃべることが大事なのだ。質問に対して、的外れな解答があっても、無下に否定しないことが鉄則である。梅田規子も言うように、人はもともとしゃべる快楽を知っている。この教室の言語規則に合うコトバがまだ探せないだけなのだ。

規則がわかってくれば、いやでも声に張りが出てくるだろう。

逆に、日常のお喋りは、文法の間違いがあっても、単語だけポツンと言っても、文にならなくても、全く問題にならない。相手にわかれば、それで十分だ。文章化したものを読み上げるように喋ることはむしろ不自然である。ところが、授業中のばあいは、コトバがつまったり、単語だけだったり、語尾が曖昧だったりすると、もっと正確に言いなさいと教師に促されてしまう。授業中の会話は、沢山の規則を踏まえてしゃべらなければならないので、快感どころか、苦痛になるのはこのためである。

しかし、筆者は、授業中に学生になるべく緊張しないように配慮し、喫茶店で友だちとしゃべるときのようにしゃべって全くかまわないと、言い続けてきた。それは、ともだち同士の、いわば親密圏でのおしゃべりは、生命の流れに沿っており、気分次第でどこに会話が進むかわからない。会話が流動的である。だからこそ面白い。今日の二人のおしゃべりの成果は何か、などと、もっともらしく聞かれることもない。成果も結果も求めず、陽だまりでサルが毛づくろいをするような親しみの交歓。これが生の共振を促すのである。これを精神医学者の斎藤環は「毛づくろい的コミュニケーション」といい、コミュニケーションの基本に据えている（斎藤［二〇一五］『オープンダイアローグとは何か』医学書院）。

大事なことは、友だちのような親密圏では、無意識に言葉が飛び出てくるが、授業中のような公共圏での会話は、意識的にしゃべらざるをえないという違いである。日常の会話は、ほとんど無意識におしゃべりが進む。見知らぬ土地を歩いていて、通りがかりの人に道を尋ねるときも、不意にコトバがでる。その場所、相手との関係などによって、コトバが次から次へと出てくる。それは、道を尋ねる行為や買い物をする行為の一部としてコトバが出るからである。行動のサイクルの中にコトバが埋め込まれている。だから、コトバが生命やからだから乖離していない。

ところが、授業中のコトバ、とくに討論場面などのコトバは、相手が納得するように正確にしゃべらなければならない。意識してしゃべらざるを得ない。するとしゃべる快感が減退し、緊張感が高まってしまう。無意識にしゃべれば楽しい。それは、行動という快い情動に支えられている。ところが具体的な行動から切り離された教室などで、意識的にしゃべろうとすると、からだが動かないので声に張りが出ないのだ。

コトバは、からだを使った行為のなかで、無意識に出てくるものである。生命から見ても、それが自然である。無意識の動きは自然であり、生感情も快適に機能する。

無意識と意識の境界を漂う生

ヒトは、「おのずから生きる」無意識の生命と、「みずから生きる」意識世界という二重構造の生を生きている。前に見たように、これを丸山圭三郎は、身分け構造と言分け構造という二重のフレームによって説明した。ここで紹介した丸山と梅田は、ともに言語学者である。しかし、コトバは世界を認識する道具とは考えず、無意識的生命が突き動かす欲動や情動こそが、コトバが生まれる源であると理解している点が共通である。既成の文化や制度によって傷ついたり、抑圧されたりしている生を蘇らせる原動力がコトバにはあるのだ。コトバは、生命の流れとともにあるときにこそ、最も生き生きとはたらく。操作する必要などないのだ。

二人の言語学者の学説から考えると、言語力やコミュニケーション力などと称されているものが、いかに言語哲学を欠いた表層だけの議論に止まっているかがよくわかるだろう。そして、○○力を開発するとして、意識的、操作的に行われている教育や自己啓発の営みが、子どもや若者の生を委縮させる一因をつくっていることも理解できるはずである。型にはめるのではなく、内なる生命を回復させること、言語文化を再生させることが必要なのではないか。

しかし、子どもや若者が、芭蕉の俳句のように、カエルが池に飛び込んだ時の音を感じるような場所は非常に少なくなった。現代はメディアと情報の社会であり、ネット上でいくらでも「自然のリズム」を検索し、それらしい映像を見ることができる。今では、自然のリズムは、映像の中でしか体験できないのではないかという危機意識が筆者にはある。しかしながら、五感の全体を働かせて体験する自然と、視覚と聴覚だけの映像とでは、ヒトの生命に与える刺激は全く異なるはずである。五感で体験される自然は、生命体としてのヒトの原初的生命に深く迫るが、視覚だけの自然は、その場限りの刺激として消費され、その後には何も残らないからである。

私たちの沈んだ気持ちや気分をいきいきしたものに回復させるには、森や林の中を歩いたり、海辺を歩いたりして、自然のリズムをからだごと吸い込む必要があるのではないか。生命が回復しなければ、生もまた能動的な活動衝動を回復できないからである。

第7章　生命・生・想像力

第1節　子どもの生命感覚を耕す

ヒトが「生きること」の基礎理解

よく知られているように、二〇〇〇年から始められた経済協力開発機構（OECD）のPISA調査で求められている学力（リテラシー）は、単なる知識・技能の集積ではなく、ますます複雑化する社会を生きていく能力である。「生きるための知識と技能」（Knowledge and Skills for Life）という説明がそれを物語っている。

しかし、これを短絡的に考えてしまうと、それは、日常生活に役立つ実践知であると受け止められがちである。ヒトが「生きる」ということを近視眼的にしか考えられない私たち現代人が陥りやすい視野狭窄といえる。子どもの教育を、今の社会に適応してゆければよいというように、個人単位でしか考えられない視界の狭さである。

しかし、教育には、もっと広い視野と長い人類史的展望が不可欠である。ましてや理科教育という、宇宙や太陽系の誕生、地球及び生命の誕生から現在までの気の遠くなるような自然史を対象とする学問では、ヒトの生(life)を社会的自立といったレベルだけで考えてはならないだろう。

そこで本節では、教育人間学の立場から、ヒトが生きるということを、①生命の持続、②生感情、③社会生活という三層に分けて考えてみたい。

ヒトが「生きること」の三層構造

life(英語)、Leben(ドイツ語)、vie(フランス語)は、いずれも「生きること」を意味する語である。まず強調しておきたいのは、これらの語がカバーする守備範囲は驚くほど広いという点である。辞典によれば、Lebenとは、①生命、いのち、生きもの、生きていること、生存、②生涯、一生、人生、③生計、暮らし、④実社会、現実の生活、⑤活気、生気、とある(『独和大辞典』博友社)。ヒトが「生きる」ということは、これだけの広がりと膨らみのある営みであることを、私たちはまず理解しておかなければならない。

次に、これらの意味を大きく①生命の持続(いのち、生存)、②生感情(生気、活気)、③社会生活（現実の生活、暮らし）の三層に区分けして、下の三角形の図のように構造化して考えてみよう。

「生きること」の基底には、①生命の持続が入ることは誰も否定はしないだろう。その上に、②生感情が位置し、最上層には③社会生活が入る。社会生活は、外部から規制される社会規範と同時に、個人の内発的な生感情によって支えられていることは、実感としても理解できるであろう。

教育哲学者のボルノウ（O. F. Bollnow）は、この中間層を「気分」（Stimmung）と称したが、東洋哲学では、古来これを「気」と名づけて、西洋哲学における「理性」以上に重視してきた歴史がある。

第４章でも述べたが、文科省は、「生きる力」という用語をZest for Lifeと英訳している。zestという語は、内面から湧き立つ歓びという意味である。「生きる力」

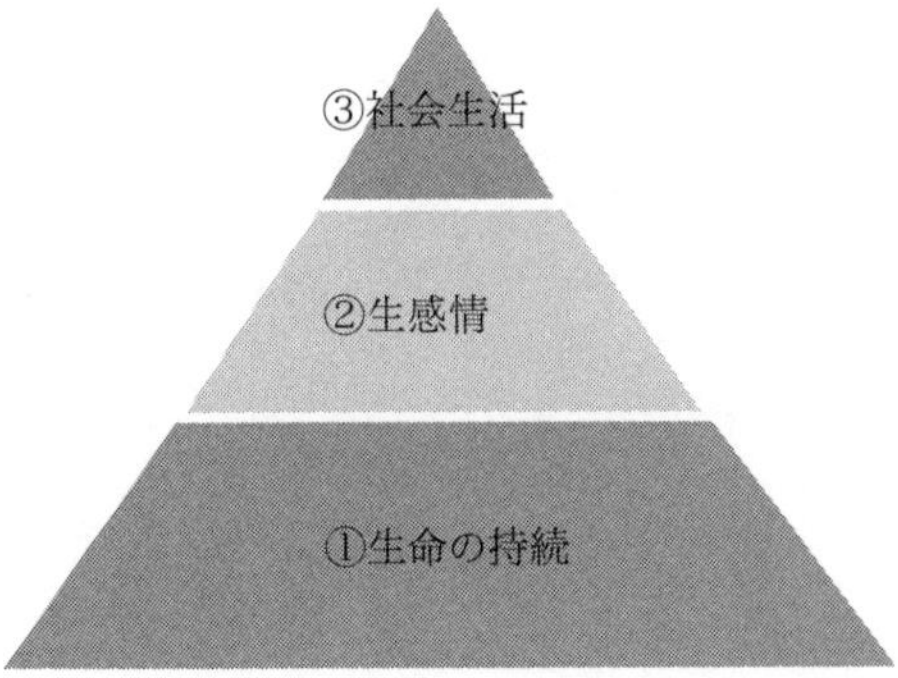

は、「いかに社会が変化しようと、自分で課題を見つけ、自ら学び、自ら考え、主体的に判断し、行動し、よりよく問題を解決する資質や能力」と説明されているが、こうした資質や能力は、実は単独で存在するわけではない。その人の「生きる歓び」という生感情によって下支えされていることが不可欠である。能力だけを磨いても無意味なのである。その意味でも、文科省の英訳はきわめて的を得ている。

①生命の持続という基底層、②生感情という中間層の上に築かれるのが、③社会生活である。この最上層に至ってはじめて、社会生活や労働に必要なリテラシーの習得が問われることになる。

このように考えると、「ヒトが生きる」という営みは、前記の三層の複合的なはたらきを指すものであって、決して社会生活のレベルだけで成り立つ問題ではないことがわかるはずである。

メディア社会における生命感覚の排除

かつて製薬会社のテレビコマーシャルで、次のようなものがあった。朝の満員の通勤電車内で、激しく咳き込む若い男性を迷惑そうに避ける乗客の姿とともに、「風邪は社会の迷惑です。早く治しましょう」というメッセージが流れる。

このメッセージは、前記の life の三層でいえば、明らかに社会生活を最優先し、生命体としてのヒトが陥る生命現象（風邪）を、社会の障害物と見なしているかのようである。これは、ヒトの病に対して不寛容なビジネス社会のメッセージとして見ることもできるが、現代のメディア社会は、映像や記号が行き交う点で、むきだしの身体や病んだ生命は排除される傾向にある。

しかし、この二〇年間に阪神淡路大震災と東日本大震災という二つの大災害に見舞われてきた私たち日本人にとって、「生きる」ということの原点は、やはりからだで感じる生命であることを改めて思い知らされたと言ってよい。

生きるということは、「機械と火」を利用するという能動性だけでなく、「大地と水」の恵みによって生かされているという受動性もあるという生の根本的矛盾を自覚できる感受性が必要だ。生命科学者の中村桂子は、『生きもの感覚で生きる』（講談社、二〇〇二年）の中で、「機械と火」に依存した文明適応の生活から、身近な野原や雑木林、河原を歩き、昆虫や魚、動植物の生態に学び、「生命と水」に親しむ生活に立ち戻ることの大切さを強調しているが、筆者も全く同感である。

子どもの生命感覚を耕す

これまで、社会科の授業を担当している先生方に、私が伝えてきたメッセージは、子どもを狭い牢屋に押し込めて、社会科という狭い窓枠から社会を覗くような真似はしないでほしいということである。狭い窓枠を取り払って、いま生きている実社会にからだを投げ入れ、社会に参加し、社会の担い手になる練習を沢山させてほしい、ということである。

理科の授業を担当される先生方に対しても、全く同じことが言える。理科という狭い窓枠から自然を覗き見るように習慣づけるのではなく、太陽と大地、大気と水によって、日々育まれる無数の生命体のいのちを感じ取ること。ヒトの生活も根源的には、こうした無数の生きもののいのちをつなぐ営みの一部に過ぎないことを感じ取り、地球という生態系の持続可能な未来を切り拓いてゆける感受性豊かな子どもを育てたいと願っている。

筆者が教育委員を務める神奈川県教育委員会では、毎年「いのちの授業」に関する小・中・高校生の作文を募集し、優れた作品を書いた子どもとその授業者をペアで表彰している。二〇一四年度は、小・中・高校生を合わせて、三、三〇四件もの応募があった。入賞した作品のなかに、高校の畜産科で、牛、豚、鶏を手塩にかけて飼育し、育て上げた牛を送り出すためにトラックの荷台に乗せるときの辛く切ない気持ちを綴った作品があった。ここで、その一部を紹介したい。

「牛はこの先何が待つのかをわかっているのか、トラックに乗ることを拒みます。ですが、そのどうにもならない抵抗や悲しみをも押し殺しトラックに牛を乗せます。そして私たちは牛に手を振り、遠ざかってゆくトラックを見つめながら次に会える時のことを考えます。」

「いただきます」という言葉は、もともとは料理の作り手への感謝ではなく、いのちを差し出してくれた生きものへの感謝の言葉であることを、作者は身を切る思いで知る。

理科とは、物質の運動を理解し、動植物の生態を観察し、自然を法則的に理解するだけの学習ではないのではないか。それは、生きものの一部であるヒトの生き方にも深く反省を迫る要素を含んだ学習でなければならないと思うのである。

第2節　想像力を広げる子どもの活動空間

「マイペースだ」と言われたくない

ある都市部の小学校の校長先生から聞いた話である。学校の子どもたちに、友達から言われたくない言葉は何ですか、というアンケートをとった。その結果は、校長の予想を超えたものだったという。予想では、ガリ勉、マジメといった、つきあい辛さを示す言葉が選ばれるかと思っていたが、結果は見事に裏切られた。「ノンビリしてる」、「マイペースだ」という言葉を言われるのが嫌だ、という子どもが多くて驚いたという。

この話を聞いて、筆者も複雑な気持ちになった。ノンビリしていること、マイペースな子どもだというのは、筆者にとっては、けなし言葉であるどころか、むしろ誉め言葉であると思っていたからである。人目を気にせずに、自分のペースで悠々と遊び、活動できることは、子どもの本領ではないのか。ところが、いま、子どもたちにとっては、このレッテルを貼られることが一番嫌らしい。一人浮いてしまうこと、目立ってしまうことを、子どもたちは恐れているのだろうか。

子どもたちは、それほど周囲の視線を気にして生活しているのだろうか。しかし、こうした同一歩調を無言のうちに強いる仲間文化のなかでは、一人ひとりの個性や自由な想像力を育てることは非常に難しい。想像力（イマジネーション）は、社会の常識や通念を超える心の自由な営みだからである。あえていえば、つまらない常識や固定観念を跳ねのける力の源泉が想像力である。以下、子どもたちが思う存分想像力を発揮できる場面とその工夫を考えてみたい。

1　子どもの能動的生が生み出す想像力

有名な『星の王子さま』の冒頭で作者のサン＝テグジュペリは、上側の絵を見せて、これは何だと思いますか、と読者に問いかけている。

大人の多くは、これは帽子だ、帽子以外の何物でもないと答えるだろうと、作者は予想している。ところがこれは、作者が六歳のころに描いた絵で、大きな布の中に、ウワバミが隠れているのだという。ウワバミが、大きな象をスッポリと飲み込んで消化している怖い絵なのだと（一七五頁）。ところが、当時の大人たちは誰もそうは見てくれず、それどころか、どう見てもこれは帽子でしかない、お前の頭がオカシイのでは、と言われる始末。だから作者は、将来なりたかった画家への道を六歳で断念したのだと不満をもらす。

たしかに言われてみれば、上の絵は、象を飲み込んだ大蛇のようにも見える。中で象が暴れだし、ゴソゴソと布が動き出しそうな気配も感じる。子どものころの作者には、それはまぎれもなく生きものだったのだ。子どもが大人になるということは、世間のつまらぬ常識でものを見るように躾けられていくことだという不満を、サン＝テグジュペリは暗示したかったに違いない。

大人になると、対象をモノとして客観的に処理するようにしつけられるが、生命力に溢れた子どもは、世界をあたかも動き出す生き物のようにとらえる。これを、幼児的なアニミズム（霊魂主義 animism）だなどと考えてしまうと、世界は干からびたガラクタの集まりになってしまう。現に大人たちの多くは、そういう味気ない世界を生きているようにも感じられる。

ところが、幼児がそうであるように、子どもたちは、わかりきったものではなく、不可思議なもの、わけのわからないもの、得体のしれないものに限りない興味を示す。恐竜の子孫のようなトカゲ、たくさんの足で素早く歩くムカデ、大きな角やノコギリを持ったカブトムシやクワガタなど。大人が気持ち悪いと避ける異形の生き物に限りない好奇心を示す。こうした生き物は、秩序化された日常を突き破って、子どもの想像力を大いに刺激するからである。

それはなぜかと言えば、幼児や子どもは、近代社会という合理的秩序に入る前の原初生命体だからであり、子どものからだと生命のリズムが、目に入る生きものの異様な動きに吸い寄せられるからであろうと考えられる。子どもの内部でごく自然に想像力の火がつくのは、生命存在としての子どものごく自然な働きである。それは、内発的で、力動的で、休むことのなく生命更新を行う生命エネルギーが生み出す豊饒な生の産物なのである。

世界を、固定化された、あるいは透視された秩序のもとにではなく、意表を突き、何がおこるかわからない、息を殺して見つめる感覚で、子どもは生きている。イマジネーション、空想、ファンタジーは、絵空ごとでは全くなく、もともと子どもが生きる世界そのものなのである。

だから子どもは、大人が作り出した固い秩序のすき間に、怪談や異界というカオスの匂いを嗅ぎとる。宮崎駿の創り出した数々のアニメ映画の主人公は、ほとんどが子どもか老人である。世間の常識にとらわれない奔放な想像力の発揮は、常識に汚染された大人たちには無理なのだ。

2 社会文化的アニマシオン

子どもは、即物的、合理的に世界と向き合う前に、その過剰な生命力と生感情で世界を読み込む。世界を動きのある生命体のように感受する。こうした原初的感覚は、大人にはわかりづらいから、子どもが暮らす家庭、学校、地域が、多様性をこそ尊重する成熟した市民文化が育っていなければ、未熟なものとして排除されかねない。

冒頭でも述べたように、日本の子どもたちが、仲間から「ノンビリしている」「マイペースだ」「個性的だ」と言われることを嫌うのは、いつもみんなと同じことを学び、同じ答えを合唱していれば、大人たちが安心する社会に住んでいるせいであるかもしれない。国際的な学習到達度調査の平均値では、いつも上位グループを占める日本の子どもが、自己肯定感やチャレンジ意欲に関しては、北欧や西ヨーロッパの子どもに比べてかなり低いのは、前述のように個人意識が脆弱な同質社会に住んでいることと無関係ではないと思われる。

フランス語に「アニマシオン」(animation)という言葉がある。英語読みすれば、アニメーションである。アニマ(anima)は、ラテン語で魂や精神を表し、生命あるものを意味している。このアニマシオンは、活気、生気、賑わい、といった意味であり、「社会文化的アニマシオン」といえば、季節の変わり目に、大人や子どもが地域のフェスティバル(お祭り)に参加し、心とからだが揺さぶられて、イキイキ、ワクワクしてくる体験を重視する文化施策である(増山均［二〇〇〇］『アニマシオンが子どもを育てる』旬報社、四五頁)。

フランス、スペインなどで見られる地域的、民俗的な祭りでは、大人も子どもも派手なお面を被り、すまし顔の日常性から抜け出て民俗衣装を身にまとい、祝祭と踊りに興じる。日常性を脱して、地域の大人や子どもと一緒に仮装や踊りを楽しむ。

このアニマシオン文化は、筆者の知る限りでは、南フランス、イタリア、スペインなど、主にラテン系のカトリック世界に広がりを見せている。それは、北ヨーロッパに広がるプロテスタンティズムが、一般に労働を重視する(英独など)のに対して、「生きること」(life)を労働や生産性に回収せず、「生きる歓び」そのものをみんなで享受しようとするカトリック世界に独特の社会教育的行事といえるだろう。結果ではなく、生きていることそのものが恵みであり、祝福なのだ。

この社会文化的アニマシオンの運動は、日本では、子どもの読書活動の支援方法の一つとして活用されている。読書を劇化し、読み聞かせするなどの方法がある。それは大切なことであるが、筆者としては、大人と子どもが一緒に活動することで、生きること、活動することの歓びそのものを、子どもたちに深く体感してもらうことが大切だと思う。

結果や効果を求めるのではなく、何かに夢中になること、何かに没入する歓びを子どもたちが体感できることが大切である。そうすれば、塾通いやゲーム漬けの味気ない日常性から解放され、子どもの生命エネルギーと生感情が自然に発揮され、子どものうちに潜むありとあらゆる想像力や願望が言葉やからだに表れてくるに違いない。結果を出すためのアニマシオンではなく、子どもたちの想像力が自由に発揮できる居場所を用意してやることが必要なのだ。

3　子どもの自由な居場所が豊かな想像力を育む

ここでまた大学附属小学校で校長を務めていたときの経験を語ってみたい。三年の女子児童の一人が不登校ぎみだった。誰かにいじめられていたわけでもなく、ただみんなと同じ行動をとるのが苦手だと担任に訴える子どもであった。一般に不登校の子どもは、寡黙で存在感が薄く、周囲から無視されがちなタイプが多い。だが彼女の意思は驚くほどはっきりしていた。毎週、音楽と図工の時間になると、必ずひょっこりと現れるのだ。みんなと一緒に歌をうたい、楽器を奏で、ピアノを弾く。図工の時間では、一人だけ床に座り込んで、絵を描いたり、粘土をこね、自分の顔の像を創作したりもする。

筆者が傍らで見ていても、一度も振り向かない。活動に没頭している。時々汗をぬぐったりして、とっても楽しそうだ。しかし、その授業時間が終わると、自分で楽器をしまい、絵筆をきれいに洗って、「校長先生、さようなら」と、笑顔を見せて廊下を去る。今から思えば、彼女は、マイペースな子どもで、表現活動はとっても好きだが、教師が期待する答えをオウムのように言う学習が苦手な子どもだった。

この選択的不登校は、彼女自身が決めたことだった。担任教師も私も、またクラス仲間も、彼女の意思を尊重して、来たいときには、いつでも学校に来られるように準備して待っていた。その後約一年ほど、子どもの選択的不登校が続いたが、周囲との折り合いのつけかたがどうやら分かったころに、学校に毎日来るようになった。そればかりか、徐々に活発に意見を言う子どもに変わっていった。そして卒業式直前の卒業を祝う会では、大勢の保護者、下級生、教師たちが見守るなかで、彼女は、リーダーとして合唱の指揮を執った。ほかの学校ではきっと許されないであろう自分のわがままを受け入れてくれた、自由なこの学校が好きだったと、仲間や先生方に感謝の言葉まで述べた。

彼女にとって想像力が発揮される場面は、最初は限られていた。音楽室と図工室での自由な活動場面。そこでは、人とは違う自分の想像力を思う存分発揮できたではずである。楽器を奏で、粘土で自分の顔を創作する。しかし、別の教科の時間では、自分のいる場所はないに等しかったようだ。だから不登校は、仲間たちとの適切なやり取りの手ごたえが見つかるまでの必要な充電期間だったように思われる。

4　世界への内発的行動を促す想像力

前にも述べたように、日本の子どもたちの自己肯定感は、主要先進諸国のなかでも際立って低い。自己肯定感とは、簡単にいってしまえば、今のままの自分でよい、周囲と比較などすることなく、自分は自分だと感じられる状態であろう。

よく誤解されるが、自己肯定感とは、ただ自分が好きだという感情ではない。これまであまり指摘されてはいないが、自己肯定感は、子どもの内部に自然に湧き起こるものではなく、子どもが、自立していく過程で、周囲からの同調圧力を跳ねのけて自己を主張する欲求が生まれないと生じにくいと、私は考えている。「一寸の虫にも五分の魂」という感覚を、実質的に下支えするものが、子どもの自由な想像力である。周囲にただ順応しているだけでは、周囲の状況の変化を追いかけるばかりで、いつまでたっても、今の自分には自信が持てない。自分が、周囲の状況の従属関数になってしまっているからだ。

精神科医師の泉谷閑示によれば、神経症患者の特徴の一つは、「自分がどう感じるのか」「自分がどう思うのか」ということが、「人からどう思われるか」「どう見られたいのか」ということにすり替わってしまい、自分が限りなくゼロになる傾向にある。そこでは、私（一人称）を欠落させた〇人称の「世間のコトバ」ばかりが語られるという（泉谷［二〇一六］『〈私〉を生きるための言葉』研究社、六八頁）。自分がないから、いつも周囲を気にし過ぎて、ビクビクした状態から抜け出せない。だから、いつまでたっても自分に自信が持てない。

自己肯定感のある人は、内発的であり、自立的であり、能動的である。世間や他人の目をあまり気にしない。だから、世界を思いのままに動的にとらえることができる。そこには、サン＝テグジュペリがそうであったように、子ども時代に身を委ねた溢れるばかりの想像力が、大人になってもなお心の奥底に息づいている。人は人、自分は自分だ、と言い切れる大人はみんな、子どものころに垣間見た奔放な想像力の炎の残り火を消さずに保ち続けていられる大人であるに違いない。
児童文学者の石井桃子は、こんな言葉を残している。

子どもたちよ
子ども時代を　しっかりと　楽しんでください。
おとなになってから　老人になってから
あなたを支えてくれるのは
子ども時代の「あなた」です。

中川李枝子他編［二〇一四］『石井桃子のことば』新潮社

第8章　多文化共生社会を生きる応答的知性のために

「二一世紀のコミュニケーションは『伝わらない』ということから始まる。……そのことは決して苦痛なことではなく、差異のなかに喜びを見出す方法も、きっとあるということ。」（平田オリザ［二〇一六］『対話のレッスン』講談社学術文庫）

「おそらく登校拒否をしていなかったら、世の中で起こっていることを自分はあまり深く考えずに生きていたんじゃないかと思っています。いろんなことを鵜呑みにせず、『ちょっと待てよ』という感覚は、シューレに入って学んだことだと思いま

す。」(不登校経験者の言葉。奥地圭子他編[二〇一三]『僕は僕でよかったんだ』東京シューレ出版)

第1節　グローバル社会を生きる知性とは

テーマ：本章では、これからの日本の子どもたちが、グローバル社会を生きる上で必要な知性のあり方と学び方、その育て方を考察する。その際に、まず知性を、知識・技能の獲得というように、既存文化を「身に付けるもの」とは考えない方がよいと考える。むしろ、他者との応答のなかで、開かれてくるもの、さまざまな発見や気づきを通して、その世界が広がり、関係づけられてくる運動と考えた方がよい。知性とは、生きる世界が広がる「運動」・「活動」であると考えるならば、子ども・若者には、知が飛んだり、走ったり、転んだりする運動場(知のフィールド)を沢山用意し、そこで知の内発運動の歓びを体感させることが、何よりも大切である。

グローバル化とは：遡れば一六世紀初頭のコロンブスの新大陸発見に始まると言われているが、ここでは、二〇世紀後半の冷戦構造の崩壊以後、一九九〇年代以降に顕著になった社会状況を念頭に考える。これまで、グローバリゼーション（globalization）については、以下の二つの見方が併存し、交わりことなく拮抗してきたと言える（姜尚中・吉見俊哉［二〇一三］『グローバルの遠近法』、三三頁）。

①ヒト、モノ、情報、資本、労働が国家という枠を越えて激しく移動し、地域、民族、国家という空間の規制が低下して、市場が最優先される世界の出現をいう。生産過程の徹底した効率化と標準化によるコスト削減と製品の一元管理の思想が、地球的規模で拡大すること。

②前述の効率化と標準化（スタンダード）思想の広がりとともに顕在化してきた地球上の地域特性、多民族の言語、文化、生活習慣の多様性、複数性、重層性、異種混交性等が自覚される。それは、生態系において、ある種が限界を超えて過剰に繁殖しはじめると、そこに棲息する多様な種が絶滅すると同時に、強い種も自滅していくという「生物多様性理論」（biodiversity）からも裏づけられている。

本章では、とりあえず、①を「経済のグローバリズム」、②を「文化のグローバリズム」と呼んで区別し、後者に力点を置いて以下の論を進める。

提　案：すでに後発型近代化を終えた日本では、さらなる経済成長につながる学力を獲得させるという欠乏欲求充足型（成長型）の知性ではなく（ＰＩＳＡで好成績を残す東南アジア諸国、地域はまだこの段階にある）、文化の多様性と地域特性を重視し、諸個人が自分らしく誇りをもって生きられるという自己実現型（成熟社会型）の多文化共生社会（multicultural symbiotic societies）を創出する知性の育成を提案する（欠乏欲求充足型と自己実現型の区別と関係については、後述のＡ・マスローの記述二〇二頁をご参照願いたい）。

第2節 「力の開発」と「意味生成」の乖離

前記と深くかかわって、グローバル化に対応する教育には、２つのタイプが混在する。

①変動する社会に絶えず最適化して生き残る知力を身につける

これは、英語教育の普及、討議法やプレゼンテーション力、企画力、発想力等、そのほとんどが英米圏のビジネス界ですでに行われている実践型教育の導入である。いずれもpracticalで短期に結果が見えやすく、実利的、戦略的であるという共通項をもつ。

②多種多様な文化を生かし持続可能な社会を創る知性を育てる

情報、ヒト、モノの自由な移動とネットワーク化、多種多様な文化の間に身を置きながらも、さまざまな文化摩擦や軋轢、「ゆらぎ」を経験しつつ「応答的で、意味生成を体感できる個人」であることが大切である。ここでは、「閉じた自己」ではなく、他者と応答できる「開かれた自己」になることが大切である。

グローバル化対応の教育をこのように二つに分類すると、これまでの日本のグローバル教育は、明らかに①に偏りがちであったことがわかるであろう。言い換えれば、成長型、米国型のグローバル教育に引きずられがちであったが、二〇一〇年代後半からの実利的、戦略的なグローバル化に対する英米に見られる民族主義的反動を視野にいれるならば、これからは、むしろ西ヨーロッパ・北欧型の②成熟型、多文化共生と自己組織型のグローバル教育が求められていると考える。言い換えると、価値を標準化（一元化）するグローバル教育ではなく、価値を多元化するグローバル教育が必要であると考える。ここでのキーワードは、「多様な他者との応答」、「関係網を生きる自己」、「意味生成」である。

第3節　若者の自己肯定感と社会参加意欲の現状

グローバル社会における知性の問題を、日本の若者を例にして考えてみたい。日本の若者は、この約二〇年間、つまり子どものころから「変動する社会に最適化して生き残る力を身に付けるべきだ」という有形無形のメッセージをシャワーにように浴びてきた。しかし、何でもよいから、あなたが生まれ持っている長所や天分(gift)を思いっきり発揮しなさいという、本来最もグローバルなメッセージは、ほとんどどこからも聞こえてこなかったのではないか。

しかし、グローバル化した人間とは、前述のように、どこかにある「スタンダード」(標準)を必死に身に付け、「強い個人」になることでは全くないであろう。耳を澄まして他者の訴えを聴き取り、自分の意見をきちんと言える、「応答性のある人間」のことではないか。

以下に、日本の子ども・若者の自己肯定感と社会参加意欲を、国際比較から見てみよう(内閣府「我が国と諸外国の若者の意識に関する調査」『平成二六年版 子ども・若者白書』、七ヶ国の一三歳から二九歳までの男女対象、各国約一一〇〇人[調査時期、二〇一三年一一月から一二月]。同白書ホームページ[概要版]より引用)。

次のデータから読み取れる日本の子ども・若者の特徴を、以下箇条書き的に挙げてみよう。

図表１　**自分自身に満足している**

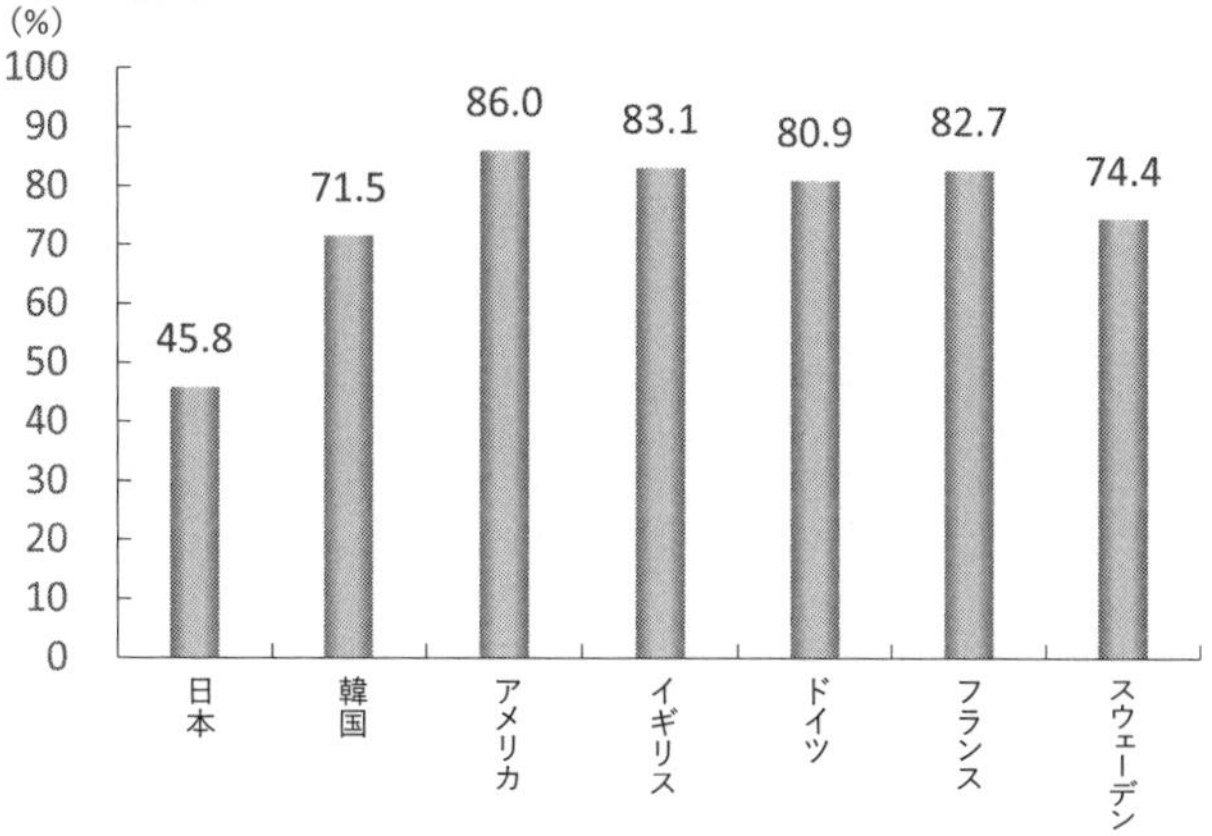

（注）「次のことがらがあなた自身にどのくらいあてはまりますか。」との問いに対し、「私は、自分自身に満足している」に「そう思う」「どちらかといえばそう思う」と回答した者の合計。

図表２　**自分には長所がある**

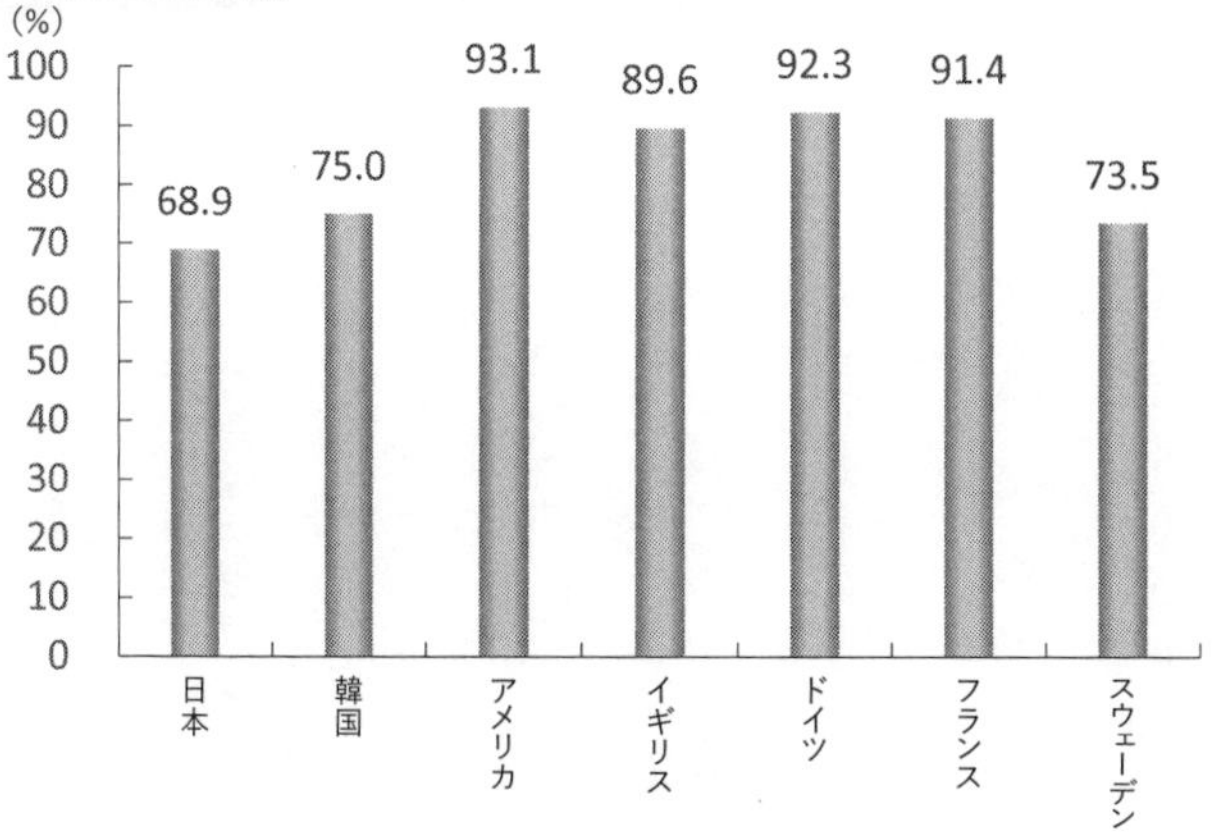

（注）「次のことがらがあなた自身にどのくらいあてはまりますか。」との問いに対し、「自分には長所があると感じている」に「そう思う」「どちらかといえばそう思う」と回答した者の合計。

図表３ **うまくいくかわからないことにも意欲的に取り組む**

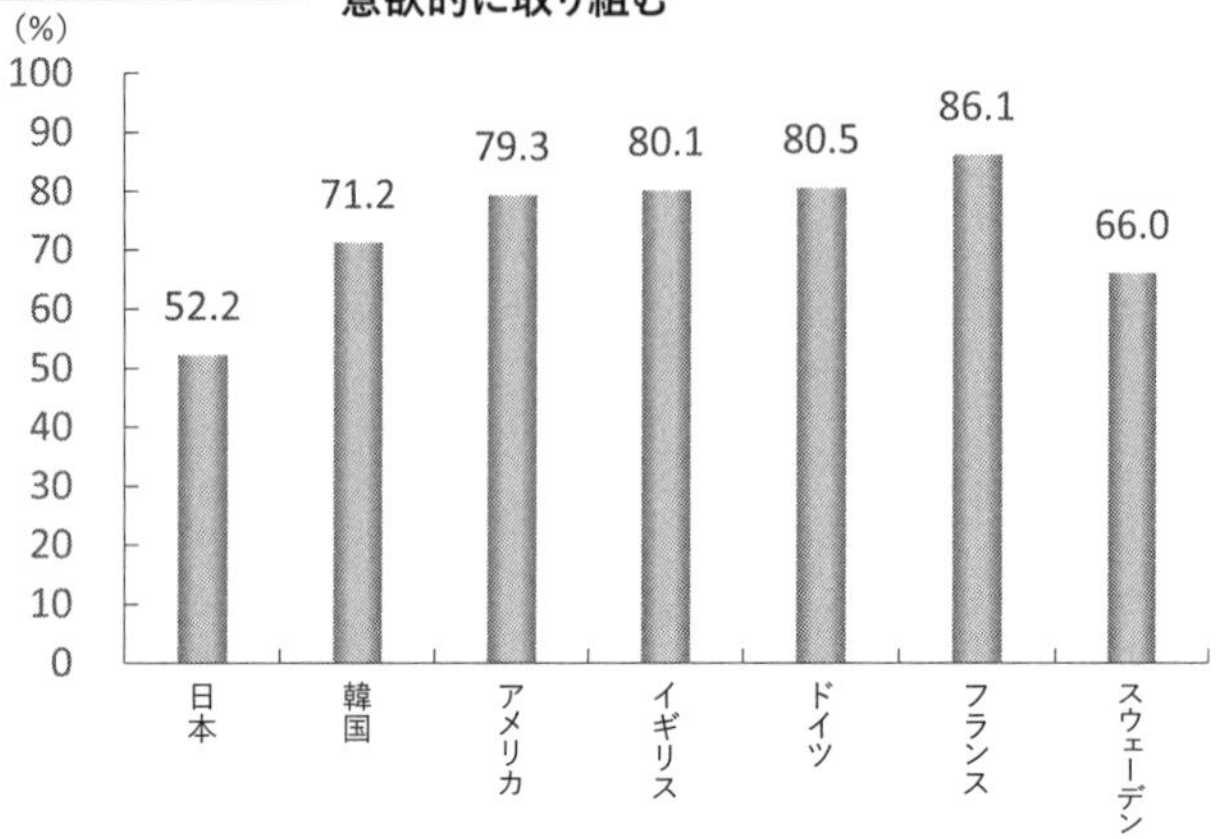

（注）「次のことがらがあなた自身にどのくらいあてはまりますか。」との問いに対し、「うまくいくかわからないことにも意欲的に取り組む」に「そう思う」「どちらかといえばそう思う」と回答した者の合計。

図表４ **つまらない、やる気がでないと感じたこと**

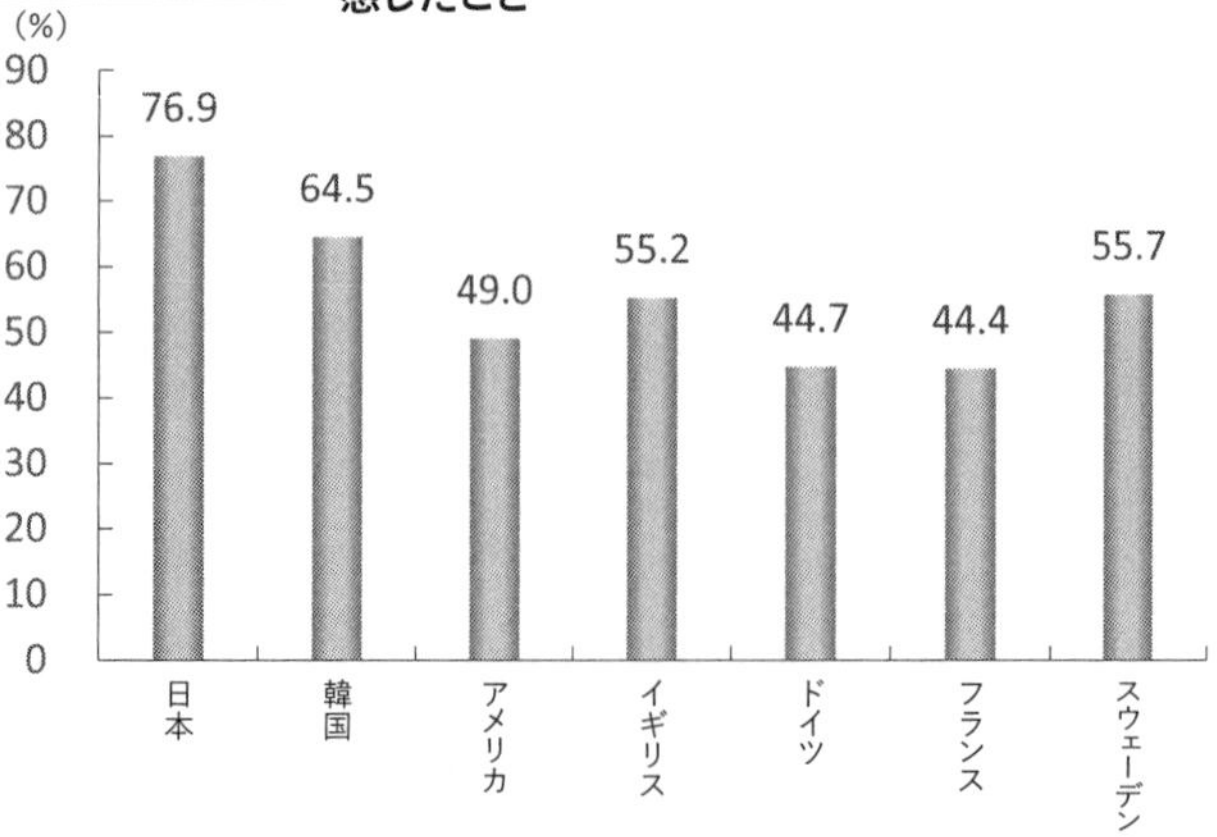

（注）この１週間の心の状態について「次のような気分やことがらに関して、あてはまるものをそれぞれ１つ選んでください。」との問いに対し、「つまらない、やる気がでないと感じたことに」に「あった」「どちらかといえばあった」と回答した者の合計。

図表５　**ゆううつだと感じた**

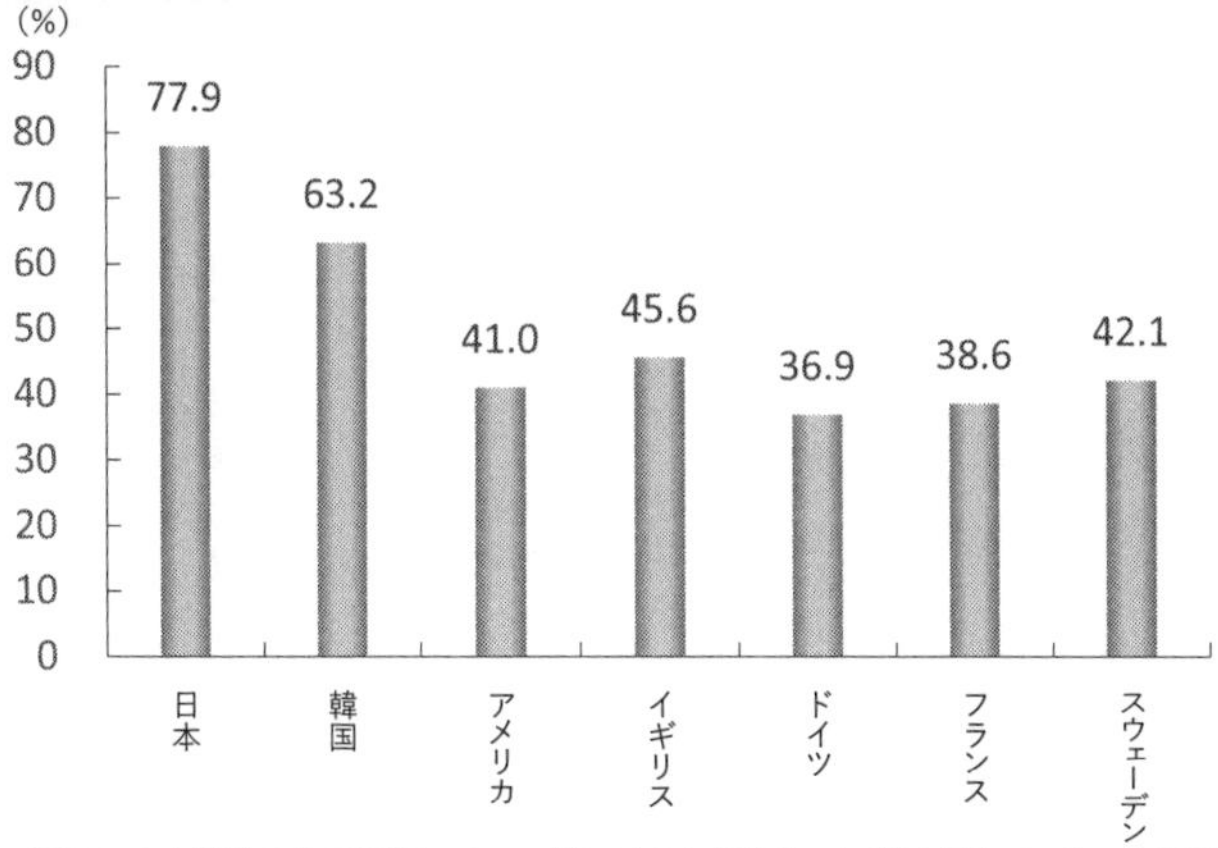

（注）この１週間の心の状態について「次のような気分やことがらに関して、あてはまるものをそれぞれ１つ選んでください。」との問いに対し、「ゆううつだと感じたこと」に「あった」「どちらかといえばあった」と回答した者の合計。

図表６　**社会規範**

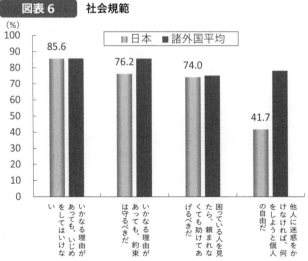

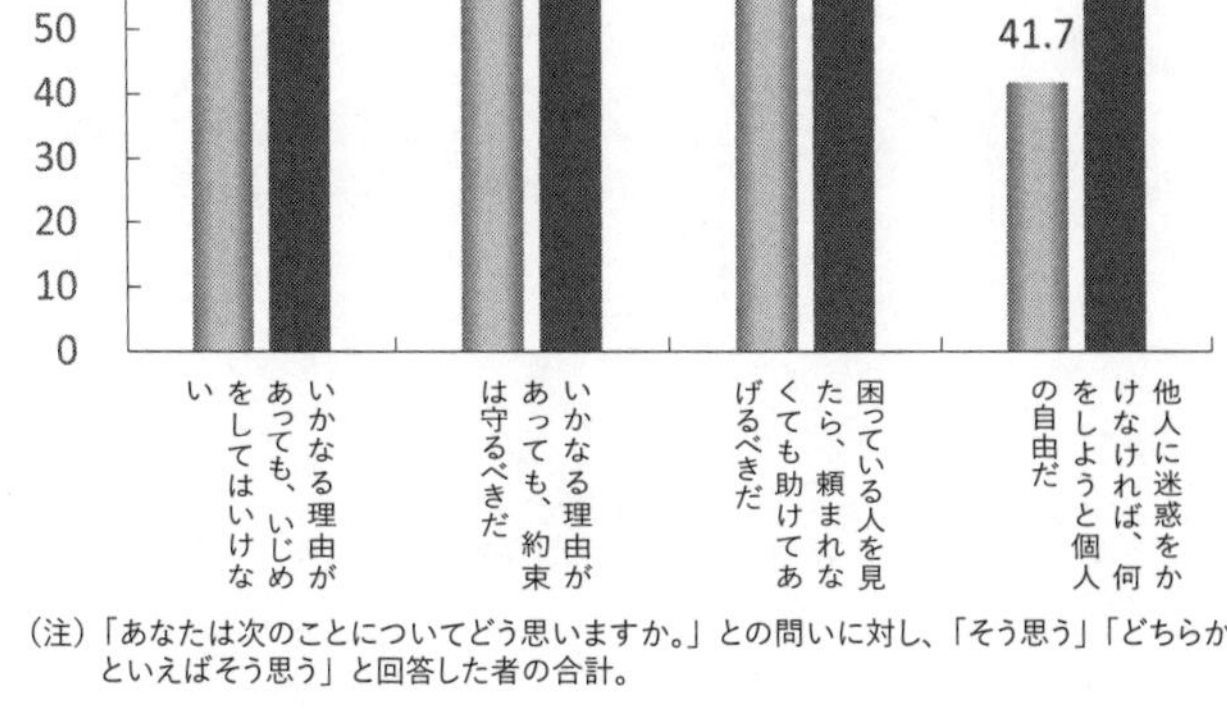

（注）「あなたは次のことについてどう思いますか。」との問いに対し、「そう思う」「どちらかといえばそう思う」と回答した者の合計。

図表７　社会現象が変えられるかもしれない

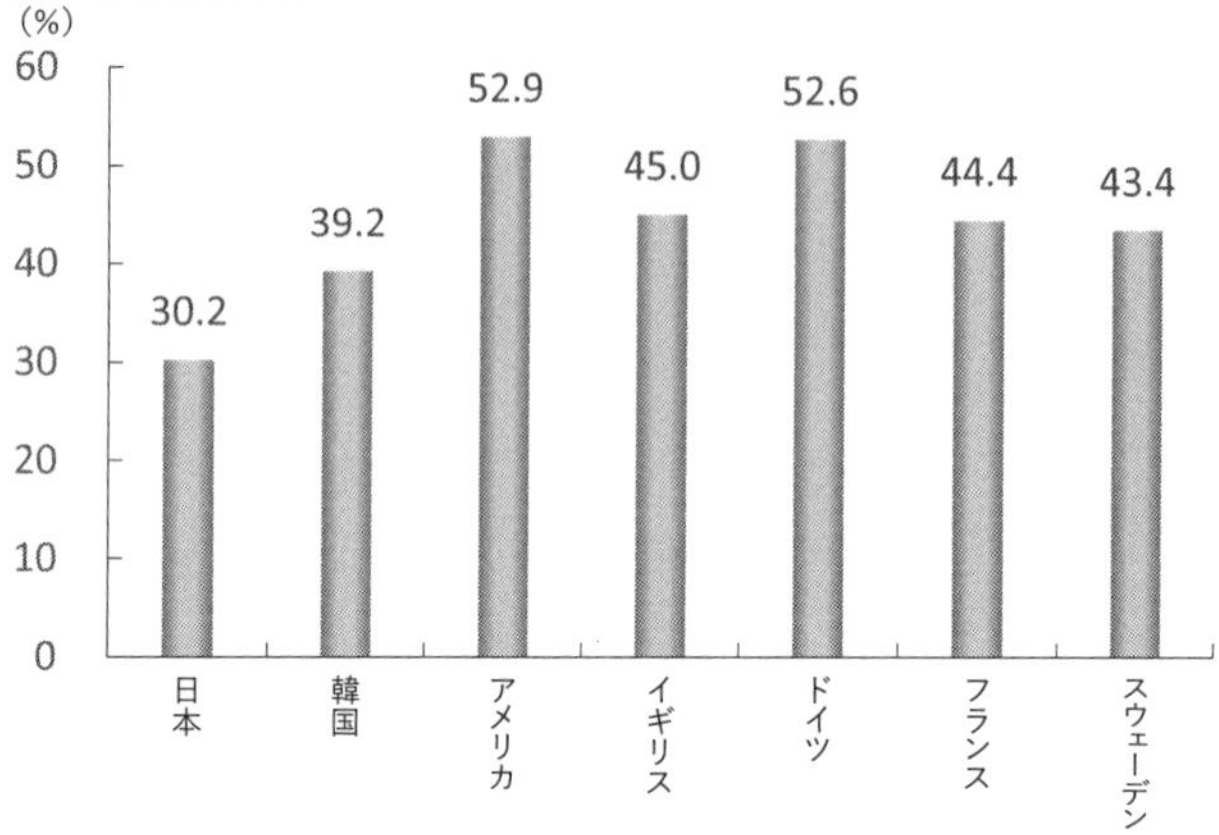

（注）「次のような意見について、あなたはどのように考えますか。」との問いに対し、「私の参加により、変えてほしい社会現象が少し変えられるかもしれない」に「そう思う」「どちらかといえばそう思う」と回答した者の合計。

図表８　将来への希望

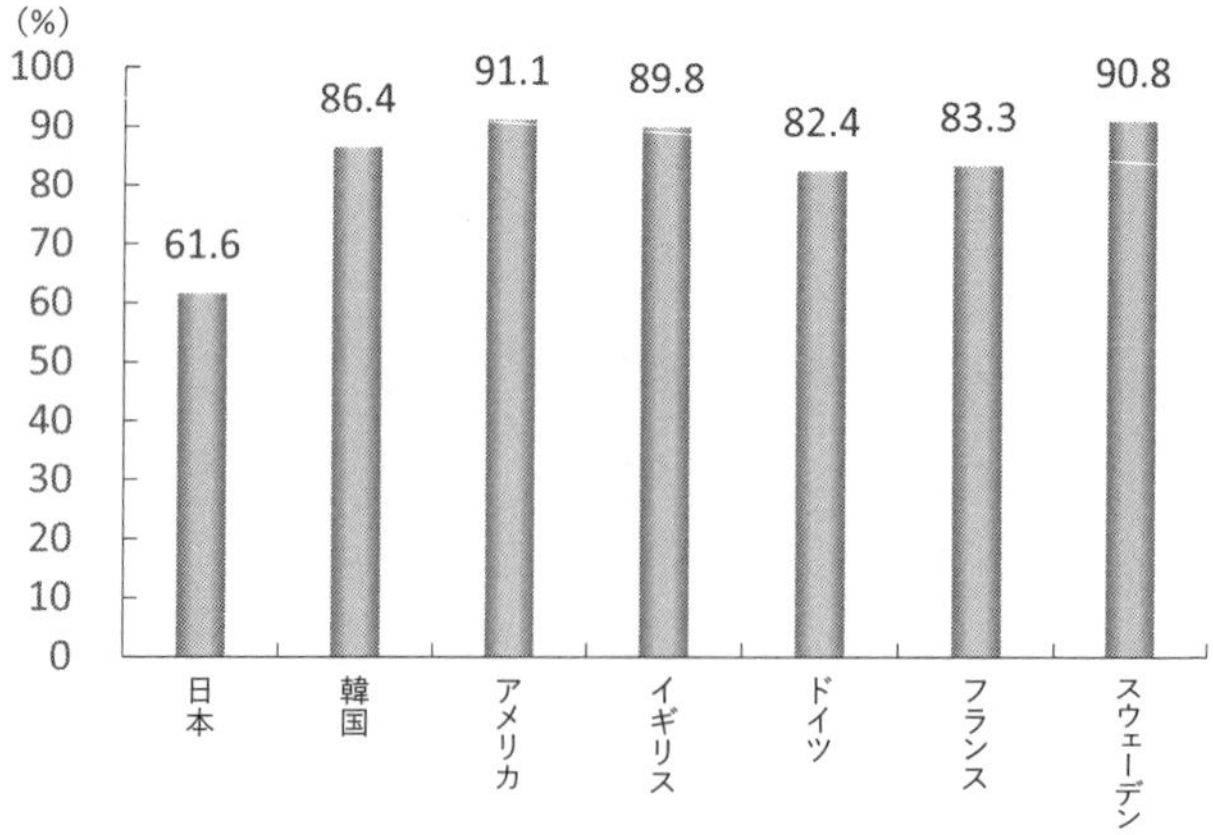

（注）「あなたは、自分の将来について明るい希望を持っていますか。」との問いに対し、「希望がある」「どちらかといえば希望がある」と回答した者の合計。

・若者のモラルの低下がよく言われるが、日本の若者の社会規範意識は他国より高い。
・日常生活の気分や生活感覚で、日本と韓国の若者は、閉塞感が強い。
・自分に満足している度合い、自分の長所を認める度合いが、他国の若者に比べて低い。
・何でもやってみようという、試行錯誤やチャレンジ意欲が低い。
・社会参画意識が、他国と比べて際立って低い。
・情報、ネットの世界では、自由なグローバル空間に住みながら、現実の学校、職場等の対人関係では、同調圧力で空気を読む同質社会に住むことのギャップが感じられる。韓国も同じ。
・しかし、日本の高校生は、ＰＩＳＡ調査（ＯＥＣＤ）も、国際数学・理科教育動向調査（ＴＩＭＳＳ）も、リテラシー（学力）は最上位グループに位置していることは周知の通り。
・好きで読書をする子どもや教科が好きな子どもの比率は高くない。（学校では、知る歓び、学ぶ歓びの育成にもっと重点を置くべきである。）

また、二〇一六年七月に行われた参議院議員選挙における一八歳、一九歳の投票率は、次頁の円グラフの通りである（読売新聞、二〇一六・七・一一、全体の投票率五四・七％）。

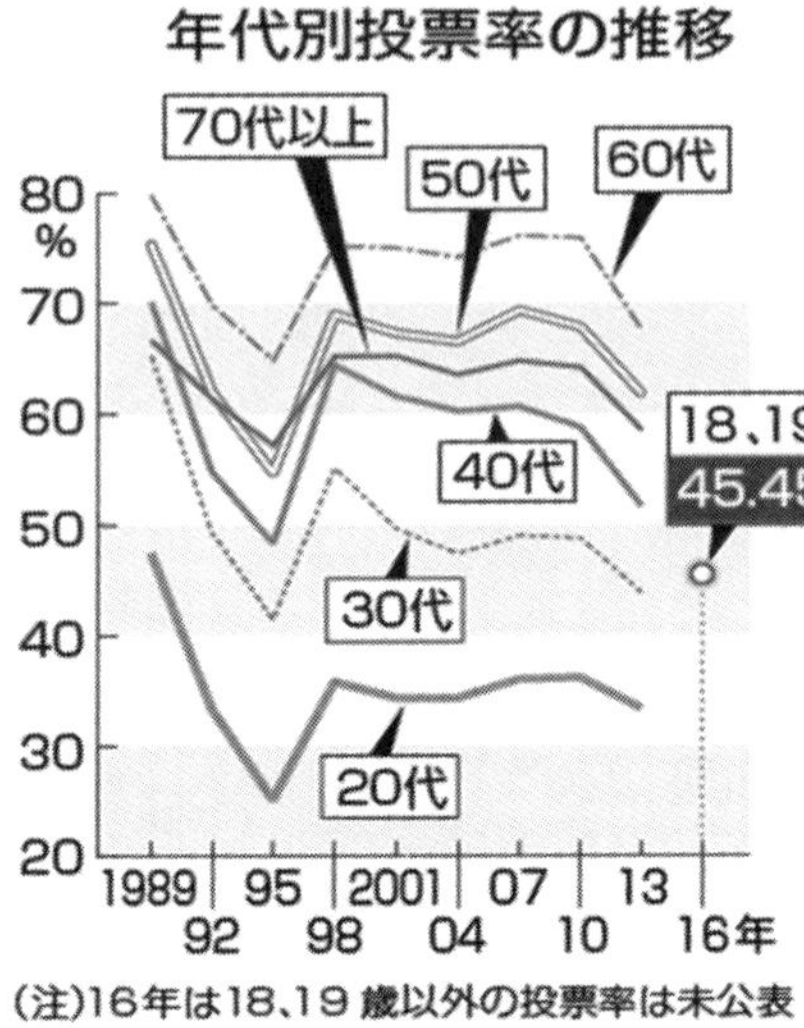
年代別投票率の推移
70代以上
50代
60代
80
%
70
60
50
40
30
20
18、19歳
45.45%
40代
30代
20代
1989
92
95
98
2001
04
07
10
13
16年
(注)16年は18、19 歳以外の投票率は未公表

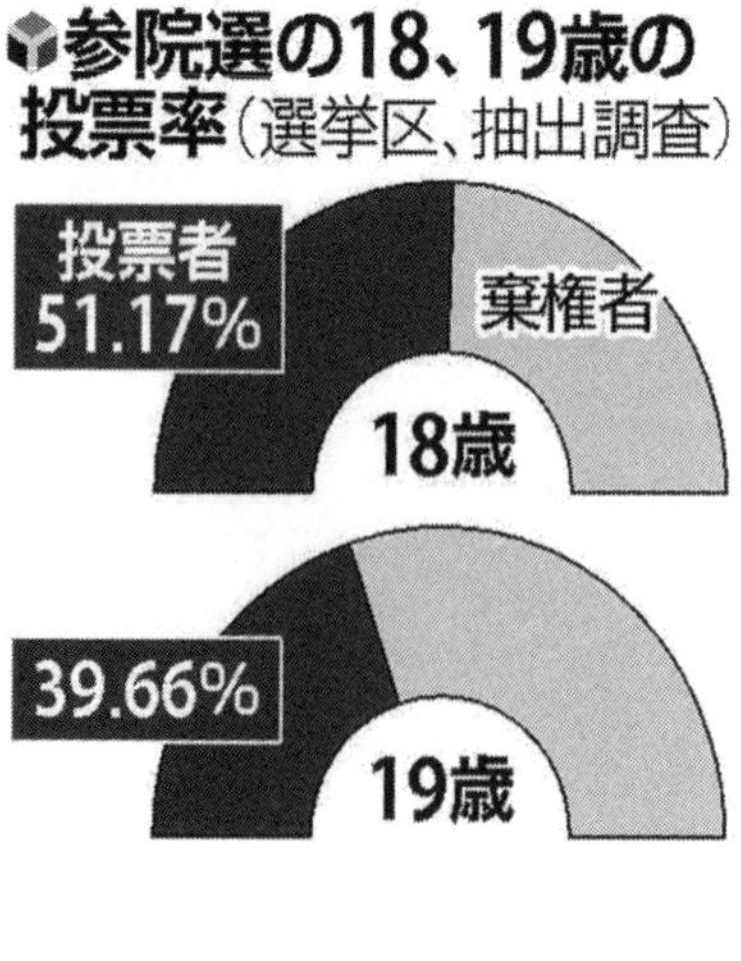
参院選の18、19歳の
投票率（選挙区、抽出調査）
投票者
51.17%
棄権者
18歳
39.66%
19歳

第4節　日本と欧米の教育文化の違い――それぞれの強みと課題

臨床心理学者の河合隼雄によれば、ユダヤ・キリスト教圏の欧米の教育と、儒教・仏教圏の日本の教育とは、それを下支えする文化が、母性（保護）原理と父性（自立）原理という概念で対比される。それは、①親鳥が産み落としたすべての卵を平等に温めるという親鳥の態度（母性的文化）と、②羽の生えた雛鳥に、もはや餌を与えず巣立ちを強いる親鳥の態度（父性的分化）の違いとして対比される[1]。河合自身が作成した次頁の対照表によれば、以下のとおりである[2]。

①日本の教育文化の基底

日本の教育文化の基底には、産み落とした複数の卵を平等に温め続ける親鳥の態度（包み込み、過保護、先導的）に通じるものがある。日本の子ども・若者は、温かい家族のぬくもりの中で育つ。子宝思想と言われるように、かつての日本では、子育てにおいて、親の暴力や虐待は少ない。逆に、親子の「共依存関係」（日本的な甘え文化）が生み出す「引きこもり」という現象が目立つ。

	父性原理	母性原理
機能	切る	包む
目標	個人の確立 個人の成長	場への所属(おまかせ) 場の平衡状態の維持
人間観	個人差(能力差)の肯定 能力・成果による評価	絶対的平等感 努力・年功による評価
序列	機能的序列	一様序列性
人間関係	契約関係	信頼関係(一体感、共生感)
コミュニケーション	言語的(形式知)	非言語的(暗黙知)
変化	進歩による変化	再生による変化
責任	個人の責任	場の責任(共同責任)
時間	直線的	円環的
長	指導者	調整役

甘え文化とは、「温かい家族、身内」(親密圏)と「冷たい世間、赤の他人」(公共圏)が歴然と区別される考え方で[3]、社会の成り立ちも、疑似家族で説明され、家族ばかりでなく、学校、企業、国家といった人為的、契約的共同体をも親子関係をモデルに説明されることがしばしばある(母校、親会社―子会社、母国)。閉鎖空間の中の温かいぬくもりが、社会関係の原型をなすというナイーブな考え方が根底に存在する。

日本の学校教育は、欧米のように知育に限定されず、人格形成をも含めた全人教育が期待される。学校は、母性原理ですべての子どもに、学力と社会規範を身に付けさせようとするため、子どもを一括して先導する文化が下地にある。そのために、個々の子どもの個的特性や多様性にまでは目が行き届きにくいところがある。その結果、海外で生活してきた帰国子女、福島第一原子力発電所事故避難の児童・生徒など、マイノリティの成育歴を持つ異質な子どもは、しばしばいじめや排除の対象になりやすい[4]。

②欧米の教育文化の基底

これに対して、欧米の教育文化の基底には、羽の生えた雛に巣立ちを強いる親鳥の態度(切断、自立、追放的)に通じるものがある。温かい家族の温もりは高校生まで。ほぼ一八歳から子は家を出て自立した生活を送ることが期待される。子どもは、親とは別世界をたくましく生きるべく厳しく躾けられる。学校に通うのは、自分の力で生きていくため。狩りの仕方を伝える野生動物の躾けと相通じるものがある。

個人は、親、学校、地元から離れて、どこまでも遠く飛んで行ける丈夫な羽を鍛錬していく。欧米の家庭、学校では、子どもの巣立つ力、チャレンジ意欲をとことん褒める。宗教、民族、出身階層、みんな違う個性(individuality)や天分(gift)を最大限生かして生きられるようにするのが教育と考えられている。一定の知識、技能を教える場合でも、子どもの学び方の違い、教師の教え方の違いは当然のこととして、承認されている。しかし、自立に失敗した若者は、親元に帰る（ブーメラン・チルドレン）が、それは望ましいこととは考えられていない。

このように、日本と欧米の教育文化の違いを比較すると、日本の教育の強みは、基礎・基本や一定レベルの文化内容を学齢期に修得しており、欧米のように学力の高低の著しい格差が見られないことである。欧米の教育の強みは、グローバル社会を経済、科学技術、情報の面で牽引してきた米国に見られるように、自立、自己決定、自己責任という「巣立つ力」の育成に優れており、個人の中にしっかりとイノベーションの力（自己更新力）を育んできた点である。しかし、同時に、文化的均質性に欠けるために、知識の基礎・基本や一定レベルの文化内容を修得させる母性的、先導的教育文化が弱く、学力格差の拡大のために、日本的な一斉教授法が注目される理由ともなる。

第5節　子ども（学習者）の視線で学校を見直す

これからますます進むグローバル社会においては、河合隼雄の言う父性原理が各所で強調されていくことは否定できない。ところが、日本の子ども・若者は、第3節の図表1、

2でみたように、自分に満足している度合い、自分の長所を認める度合いが他国の若者に比べて低く、何でもやってみようという、試行錯誤やチャレンジ意欲が低く（図表3、4）、社会参画意識が、他国と比べて際立って低い（図表7）。それは、母性原理で育てられてきた日本の若者が、一歩学校の外に出てみると、社会はグローバル化という激流のただ中にあることを目の当たりにして、学校の出口で立ちすくんでしまっているかのような光景に読み取れる。

長野県教育委員会が調査した、子どもの「自己肯定感の獲得」に関する調査では、以下のような結果が示されている（長野県内の小中高校生、約三七〇〇人対象、二〇一一年調査[5]）。

「自分のことが好きか」　⇩　「そう思う」＋「まあそう思う」の比率

小学生　六一％
中学生　四三％
高校生　三四％

これを見ると、子どもの自己肯定感は、学年が上がるにつれて低下する。自己評価の指標が、遊び、スポーツを含めて、多元的なものから学業成績中心へと狭まるからではないかと思われる。

一九七〇年代までは自明であった「学校に通う意味」は、一九八〇年代から曖昧になってくる。将来、働くために学校に通うという欠乏欲求充足型（成長の時代）の学校観では、成熟社会に育った子どもは納得しない。成熟社会に生きる子どもたちには、もっと自律型、獲得型の教育が必要である。

それには、働くために学ぶという、単なる欠乏欲求を刺激するのではなく、「よく生きるために」学ぶ、「意味のある人生を送る」ために学ぶという「意味の体感」を求める欲求に応えなければならない。つまり貧しい社会から離脱する近代化型の教育から、豊かな社会を意味深く生きるための学びという成熟社会型の生き方と学びを体感できる教育が必要になる。

教育は、マスローのいう欠乏欲求の充足（＝保護とケア）

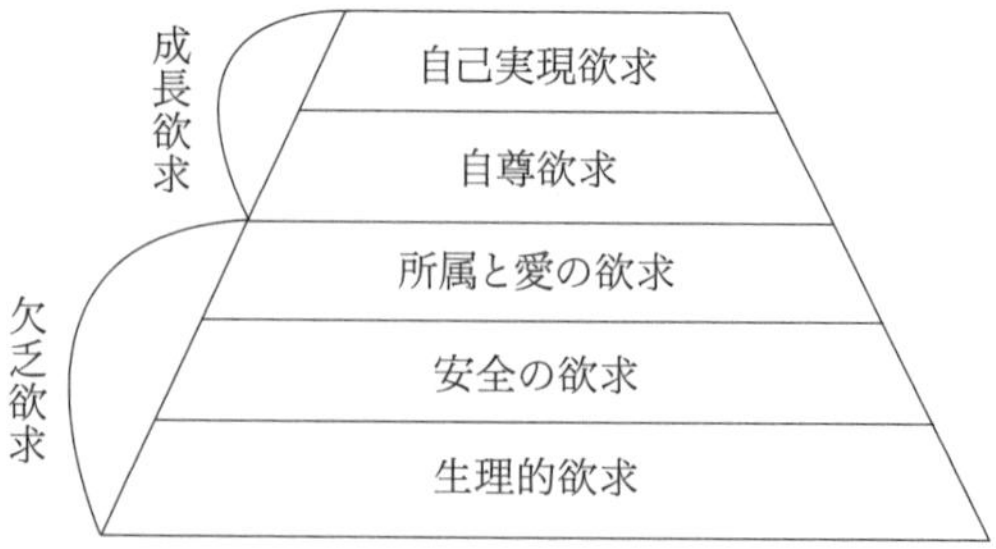

A・マスローの欲求の五段階説から見る子どもの成長

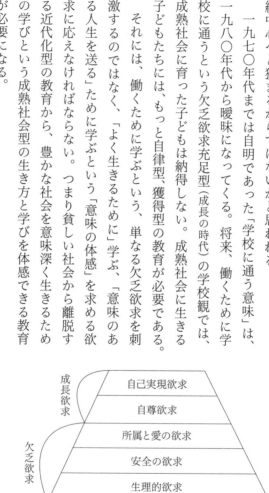

からはじまる。生理的、物的、家族関係的に、保護とケアが足りない場所では、子どもの「成長欲求」自体が生じないからである。しかし欠乏欲求が満たされると、次の欲求はより高次元の自己実現に向かう。成熟社会の子ども・若者はこうした高次の欲求充足に向かう傾向が強いと考えられる。

東京シューレを運営してきた奥地圭子は、「子どもを受け入れる器を広げることだ」と言う[6]。これまでの学校は、多種多様な欲求や生活史を背負った子どもが登校しづらい同質的な集団ではなかったか。一九七〇年代後半から急増する病気、経済的以外の理由で長期間学校に行かない子どもたちへのラベリングの変遷を振り返ると、学校は、個人の自己実現ではなく、集団適応が中心であったことが見えてくる（斎藤環［二〇一六］『ひきこもり文化論』ちくま学芸文庫、一三頁）。

①学校恐怖症（school phobia）
②学校不適応症（maladjustment to school）
③登校拒否（school refusal）
④不登校（nonattendance at school）

以上のラベリングの変遷を振り返ると、問題は、子どもにあるのではなく、教える側の都合で、学校に来ない子どもに負のレッテルを張ってきた経緯がよくわかるだろう。学校は、さまざまな成育歴を持つ多種多様な子どもを受容できる「開かれた場所」になっているだろうか。インクルーシブ教育は、単に障がい児と健常児が共に学ぶというだけでなく、多文化共生社会に向けた試みの一つと考えるべきである。不登校を経験し、四〇代になって働くある男性はこう語る。

「不登校を経験し、社会のなかのマイノリティであることの大変さや理不尽さを実感しながら、社会的な弱者へのステレオタイプではない視点や、物事の背景に思いをはせることを心がけるようになりました。」（奥地圭子・矢倉久泰編［二〇一二］『僕は僕でよかったんだ―学校に行かなかった三二人との再会』東京シューレ出版、七九頁）

第6節　ロー・コンテクスト状況下での対話

以上の説明で、グローバル化という大波に洗われているこれからの教育にとって、重要な課題は、日本が育んできた母性社会の教育文化の長所を生かしつつも、同時に弱点と思われる「巣立ち（社会的自立）」に向けた教育をどうするかということである。最後に、多文化共生社会を生きる生のかたちという視点から、子ども・若者の自立支援の方策を考えてみたい。

異文化マネジメントに焦点を当てた組織行動学のある研究者は、主要二六ヵ国をコミュニケーションの土台となる共通の文脈（context）、知識、価値観の有無を分析し、コンテクストや価値観の共有度に応じて、ロー・コンテクストとハイ・コンテクストを区分けした[7]。ロー・コンテクストとは、成育歴、宗教、生活習慣の違いなどにより文脈、知識、価値観を共有する度合いが低い地域で、いわば「異なること」が当たり前の地域である。

逆に、ハイ・コンテクストとは、文脈、知識、価値観を共有する度合いが高いので、相手にこと細かに説明し、説得する必要が生じない状況である。「同じであること」が当たり前の地域である。

この分類法によると、最もロー・コンテクスト状況の国とは、上位からアメリカ、オーストラリア、カナダ、オランダ、ドイツなどである。逆に最もハイ・コンテクスト状況の国とは、上位から日本、韓国、インドネシア、中国、ケニアなどである。日本はまさに最もハイ・コンテクスト状況の国であり、同質性が極めて高い国なのである。ということは、自分が生きてきた文脈、知識、価値観を自明のこととして表出できる稀な国であり、場合によっては非言語的に、表情だけでも意思を相手に伝えることのできる国でもある。

グローバル社会を生きる上では、何よりもまず、私たち一人ひとりが、世界でも稀なスーパー・ハイ・コンテクスト状況の文化生きているのだという自覚が求められる。世界の大勢は、異なること、分からないことがごく当然の文化なのである（冒頭の平田オリザの言葉を思い返してほしい）。

沈黙は金、以心伝心、気持ちを察する、空気を読む、言っていることは分からないが、気持ちは分かる、等々。しかし、これからのグローバル社会を生きる上で大切なことは、改めて言うまでもなく「文脈を共有しない他者」とどう関わっていくかとい問題である。ロー・コンテクスト状況でも、きちんと説得的に語ることのできる言葉の習慣が必要である。

子ども・若者は、休み時間（親密圏、ハイ・コンテクスト）はよく喋るのに、授業（公共圏、ロー・

コンテクスト）になると、途端に空気が冷え込むのはなぜか。それは、公共圏になると、子どもの思考や感情が「他人の目」という同調圧力に抑制されてしまうからではないか。その教室を、「みんなと同じでなければならない」、「間違ってはいけない」という閉鎖的な学級風土から解き放ち、時間をかけて「支持的風土」（開かれた学級風土）を創り上げていく必要がある。これが、グローバル教育への第一歩であると考える。

　何を言ってもかまわない。間違ってもかまわない。正しい答えをなぞるよりも、自分の感受性と意見をしっかりと持ち、それをきちんと表出することの方がはるかに大事なのだ。何事もきちんと話し合い、議論し、切磋琢磨し合うことが大切なことなのだというメッセージを、教師は、あらゆる機会に、あらゆる場所で、子どもたちに発信してほしい。

　そうすれば、子ども・若者は、親しい者同士のハイ・コンテクスト状況だけの馴れあいの会話にとどまらず、初対面の「他者」とのロー・コンテクストでの対話も愉しむ余裕ができるだろう。多文化が共生するグローバル社会を生きる知性は、ここから始まるといってもよい。

註

1　河合隼雄（一九七六）『母性社会日本の病理』中公叢書、五二頁
2　恒吉遼子（一九九二）『人間形成の日米比較――かくれたカリキュラム』中公新書、五〇頁
3　河合隼雄（一九九二）『子どもと学校』岩波新書、二二頁
4　土居健郎（一九七一）『甘えの構造』弘文堂、三四頁
4　恒吉遼子（二〇一六）「教育における『グローバル人材』という問い」『グローバル時代の市民形成』講座教育・第七巻）所収、岩波書店、四〇頁
5　子どもの「自己肯定感の獲得」に関する長野県教育委員会の調査結果（戸田忠雄編（二〇一四）『学校を変えれば社会が変わる――信州からの教育再生』東京書籍、一三六頁
6　奥地圭子（二〇〇五）『不登校という生き方――教育の多様化と子どもの権利』ＮＨＫブックス、二二七頁
7　エリン・メイヤー（二〇一五）（田岡恵監修、樋口武志訳）『異文化理解力』英治出版

参考文献

広井良典（二〇〇九）『グローバル定常型社会――地球社会の理論のために』岩波書店
広井良典ほか（二〇一六）「ポスト成長時代の『こころ』と社会構想」、『「こころ」はどこから来て、どこへ行くのか』岩波書店
姜尚中・吉見俊哉（二〇一三）『グローバル化の遠近法――新しい公共空間を求めて』岩波書店

宮崎かすみ編（二〇〇九）『差異と共生―アイデンティティの境界を問い直す』明石書店
Z・バウマン（澤田真治他訳）（二〇一〇）『グローバリゼーション』法政大学出版局
東京大学・カリキュラム・イノベーション研究会編（二〇一五）『カリキュラム・イノベーション――新しい学びの創造へ向けて』東京大学出版会
暉峻淑子（二〇一七）『対話する社会へ』岩波新書
平田オリザ『わかりあえないことから――コミュニケーション能力とは何か』講談社現代新書
内閣府（二〇一四）「我が国と諸外国の若者の意識に関する調査」『子ども・若者白書、平成二六年版』
独立行政法人・国際協力機構（ＪＩＣＡ）（二〇一四）『グローバル化時代の国際教育のあり方の国際比較調査』（株）国際開発センター
Ｊ・アーリ（吉原直樹監訳）（二〇一四）『グローバルな複雑性』法政大学出版局
Ｊ・Ｒ・マーティン（生田久美子監訳）（二〇〇八）『カルチュラル・ミスエデュケーション』東北大学出版会
J. R. Martin (2007) :*Educational Metamorphoses, Philosophical Reflections on Identity and Culture*, Rowman & Littlefield Publishers, New York.
Chr. ヴルフ（高橋勝監訳）（二〇〇一）『教育人間学入門』玉川大学出版部
高橋勝（二〇一四）『子どもが生きられる空間――生・経験・意味生成』東信堂
――（二〇一四）『流動する生の自己生成――教育人間学の視界』東信堂
――（二〇〇七）『経験のメタモルフォーゼ――〈自己変成〉の教育人間学』勁草書房
――（一九九二）『子どもの自己形成空間――教育哲学的アプローチ』川島書店
――編著（二〇一一）『子ども・若者の自己形成空間――教育人間学の視線から』東信堂

付記：第8章は、二〇一七年二月八日に行われた帝京大学大学院教職研究科における最終講義の内容をまとめたものである。

初出一覧

第1章〜第6章　書き下ろし
第7章　生命・生・想像力
第1節　子どもの生命感覚を耕す
原題「子どもが生命感覚を回復できる経験を」『理科の教育』二〇一五年三月号、第七五二号、東洋館出版
第2節　想像力を広げる子どもの活動空間
原題のまま　月刊『社会教育』二〇一八年五月号、第八六三号、一般財団法人日本青年館
第8章　多文化共生社会を生きる応答的知性のために
原題「グローバル社会を生きる知性の育て方——多文化共生社会を生きる応答的な知性を」帝京大学大学院教職研究科年報、第八号、二〇一七年

あとがき

筆者の自宅から歩いて五分ほどのところに、災害発生時に地域の人の避難所として指定された県立高校がある。この高校では、数年前から全校生徒を対象にした居場所カフェが、週一回開かれている。毎週金曜日の午後三時から開かれるこのカフェには、生徒たちばかりでなく、地域の大人たちも七〜八人集まり、コーヒーを飲み、お菓子などをつまんで生徒たちと談笑している。生徒は、多い時には三〇人前後も立ち寄る。私も時々参加させていただくのだが、とてもいい雰囲気である。

ＮＰＯの居場所カフェづくりに携わっている三〇代の若者が、毎回、いい空気を醸し出してくれる。夏は麦わら帽子にアロハシャツ、バミューダにビーチサンダルといういで立ちで、時々、ウクレレを弾いたりしている。これがＢＧＭの効果を生み、その場所が若者のたまり場に生まれ変わる。

生徒たちは三々五々集まり、とりとめのないおしゃべりやゲームをしたりして、時間をつぶしている。そう、まさに時間をつぶしているのだ。何か目的があって集まる場所ではないからだ。大人たちは、街のどこにでもいそうなおじさんやおばさんで、生徒の話に耳を傾けている。アルバイト先での失敗談だとか、部活の練習がきついとか、失敗談や苦労話が多い。高校生も結構疲れているようだ。

ＮＰＯの若者が何気なく言った言葉が印象的だった。「この場所へは、先生方とは真逆の身なりや髪型で来るようにしています。お喋りも、夜中のゲームセンターで会う高校生と喋るようにしています」。たしかにここでは、学校とはまるで異質の、脱力系のユルい時間が流れている。誰かと一緒に無目的な時間を過ごすこと。フラッと寄って、とりとめのない時間を過ごすこと。ちょっとした失敗談や苦労話を誰かに聴いてもらうこと。ケアや癒しという言葉はどこにも書かれていないが、ここはたしかに癒しの空間である。

社会の効率化とシステム化が高度に進行した現在、社会の隅々からムダな時間と場所が消滅してきた。そして子ども・若者たちは、力の開発や教育という照明に照らし出されて生活を送っている。そのままでいいんだよ、という声はどこからも聞こえてこない。疲れていない方がおかしいのかもしれない。

私たちが子どものころは、社会はまだ貧しく、子どもたちは、原っぱや道ばた、雑木林や路地裏で遊んでいた。学校へ行けば、教育という照明が当てられたが、幸か不幸かそれほど強い照明ではなかった。地域はもちろん、学校の中にさえ、入るのが気後れするような不気味な場所が随所にあった。だから、子どもや若者がたむろして、多少のワルさをする場所にこと欠くことはなかった。しかし、いま、学校でも地域でも、こうした子ども・若者の避難所（アジール）のような場所を見つけ出すことは、ほとんど絶望に近い。

「生徒たちは、学校の教員以外の大人と話したことはほとんどありません」と、何気なく語った先の高校の校長の言葉が心にひっかかった。筆者は、この二〇年ほど、不登校や引きこもりの問題を調べながら、子どもや若者の学ぶことや生きることへの複雑な思いや感情が、ますます彼ら／彼女らの心の奥深い部分にしまい込まれてきたのではないか、と感じるようになった。本心がどこにあるのか、わかりづらいのである。

それだけ、大人に対する警戒心がぬぐえないのかもしれない。それは、教えられること、与えられることの過剰と、自分で感じ、自分で動ける範囲の縮小という、学校化社会の現実とも無関係ではないだろう。

これまでの日本は、自立や主体性といった近代的な生のスタイルよりも、仲間と歩調をそろえ、普通に学び普通に生きることをよしとする文化、すなわち民俗学者、柳田國男のいう「人並みであること」「世間並み」を肯定する生のスタイルが長く続いてきた。これは、戦後の新教育の時代であっても、日常生活のレベルでは同様であった。普通であることをよしとする基底文化があったればこそ、一九六〇年代から七〇年代の高度経済成長を支えた人々は、それぞれに力を発揮しえたのである。普通であれば十分という社会のコンセンサスが、暗黙のセイフティーネットとして若者を保護してきたことが十分に考えられる。だから、ほぼ一九七〇年代までは、自分たちは社会の中流であるという意識が、階層の上下を問わず浸透していたのではないだろうか。

ところが、一九九〇年代からのグローバル化の大波は、普通であること、人並みであることを肯定する日本人の生のスタイルを打ち砕く結果をもたらした。いまや、私たちは、他者とともにあることの幸福感(日本型近代)から抜け出して、一人で達成したことの幸福感(アングローサクソン型近代)へと移動をはじめたようにも感じられる。筆者には、これが幸福なことなのかはわからない。しかし、グローバル化に対応する方策としては、新自由主義的政策一辺倒ではなく、伝統的生活様式と市場経済のバランスをとる西ヨーロッパ(ユーロ)諸国、とくに北欧のように福祉と経済を両立させる道もあるのではないかと考える。

問題は、普通であればよしとする暗黙のコンセンサスが崩れつつある現在の子ども・若者の生のありようである。文部科学省によれば、二〇一七年度の不登校児童・生徒の総数は、約一四万四千人で、過去最多数を記録した。しかも、少子化で児童・生徒数は過去最少になったにも関わらず、不登校のこの激増である。引きこもりの数は推定約六〇万人もいて、いまや大人の引きこもりが社会問題にまでなっている。グローバル社会を強く生き抜くために、コミュニケーション力や〇〇力が喧伝されればされるほど、学校に行けず、社会に出ることに自信をなくす子ども、若者、大人の数が目に見えて増加する現実は何を物語っているのだろうか。

いかなる時代であっても、ありのままの個人の姿が認められない社会、病気や障害を含めた生の多様性が承認されない社会は息苦しい。不登校や「閉じこもる生」が生み出されるのは、狭く規格化された場所から、生命体としての生が逃れようとする無意識の防衛本能によるものと考えられる。居場所カフェのように、生の多様性が認められたオープンな場所こそが、いきいきと応答する開かれた生を回復させるのではないだろうか。

社会の荒波に翻弄されながらも、「生きてあること」の小さな歓びを日々感受しつつ、他者と共に心豊かに生きる子どもや若者を支援するために、本書が多少でも役立つことを願っている。

なお、本書を執筆するにあたり、多くの著作から引用させて頂いたが、引用形式を統一するために、恐縮ながら著者名の敬称はすべて省略させて頂いた。

最後になるが、㈱東信堂代表取締役社長、下田勝司氏ご夫妻には、学術書の出版事情が厳しいなかで、本書の刊行企画をご快諾下さり感謝に堪えない。にもかかわらず、筆者の諸事情で原稿の完成が大幅に遅れてしまった。温かなまなざしで辛抱強くお待ち下さったご夫妻に、心からの感謝の言葉を申し上げたい。

二〇一九年六月一五日

高橋　勝

た行

な行

は行

ま行

や・ら行

事項索引

ま行

や・ら・わ行

人名索引

著者紹介

高橋　勝（たかはし　まさる）

1946年、神奈川県生まれ。横浜国立大学名誉教授。
東京教育大学（現筑波大学）大学院教育学研究科博士課程修了。愛知教育大学専任講師、助教授、横浜国立大学助教授、教授、帝京大学大学院教授などを歴任。専門は、教育哲学、教育人間学。

[主要著書・訳書]
『経験のメタモルフォーゼ』（勁草書房）、『文化変容のなかの子ども』、『子どもが生きられる空間』、『流動する生の自己生成』、『子ども・若者の自己形成空間』（編著）（以上、東信堂）、『子どもの自己形成空間』、『学校のパラダイム転換』、『教育関係論の現在』（共編著）、『子どもの〈暮らし〉の社会史』（共編著）（以上、川島書店）、『情報・消費社会と子ども』、『作業学校の理論』（著訳書）（以上、明治図書）、『教育人間学入門』（監訳書、玉川大学出版部）など。

応答する〈生〉のために―〈力の開発〉から〈生きる歓び〉へ

2019年10月20日　初　版第１刷発行　　〔検印省略〕

＊本体価格はカバーに表示してあります。

著　者©高橋勝　／発行者 下田勝司　印刷・製本／中央精版印刷

東京都文京区向丘1-20-6　郵便振替00110-6-37828
〒113-0023 TEL（03）3818-5521 FAX（03）3818-5514　　発行所 株式会社 東信堂

published by TOSHINDO PUBLISHING CO., LTD.
1-20-6, Mukougaoka, Bunkyo-ku, Tokyo, 113-0023, Japan
E-mail: tk203444@fsinet.or.jp URL: http://www.toshindo-pub.com/

ISBN978-4-7989-1586-9 C3037　

東信堂

いま、教育と教育学を問い直す—教育哲学は何を究明し、何を展望するか	森田尚人・松浦良充 編著	三二〇〇円
教育的関係の解釈学	坂越正樹監修	三二〇〇円
教員養成を哲学する—教育哲学に何ができるか	林泰成・山名淳・下司晶・古屋恵太 編著	四二〇〇円
大学教育の臨床的研究—臨床的人間形成論第1部	田中毎実	二八〇〇円
臨床的人間形成論の構築—臨床的人間形成論第2部	田中毎実	二八〇〇円
人格形成概念の誕生—近代アメリカの教育概念史	田中智志	三六〇〇円
社会性概念の構築—アメリカ進歩主義教育の概念史	田中智志	三八〇〇円
アメリカ進歩主義教授理論の形成過程—教育における個性尊重は何を意味してきたか	宮本健市郎	七〇〇〇円
ネオリベラル期教育の思想と構造—書き換えられた教育の原理	福田誠治	六二〇〇円
マナーと作法の社会学	加野芳正編著	二四〇〇円
マナーと作法の人間学	矢野智司編著	二〇〇〇円
学びを支える活動へ—存在論の深みから	田中智志編著	二〇〇〇円
グローバルな学びへ—協同と刷新の教育	田中智志編著	二〇〇〇円
応答する〈生〉のために—〈力の開発〉から〈生きる歓び〉へ	高橋勝	一八〇〇円
子どもが生きられる空間—生・経験・意味生成	高橋勝	二四〇〇円
流動する生の自己生成—教育人間学の視界	高橋勝	二四〇〇円
子ども・若者の自己形成空間—教育人間学の視線から	高橋勝編著	二七〇〇円
文化変容のなかの子ども—経験・他者・関係性	高橋勝	二三〇〇円
アメリカ 間違いがまかり通っている時代—公立学校の企業型改革への批判と解決法	D・ラヴィッチ著 末藤美津子訳	三八〇〇円
教育による社会的正義の実現—アメリカの挑戦(1945-1980)	D・ラヴィッチ著 末藤美津子訳	五六〇〇円
学校改革抗争の100年—20世紀アメリカ教育史	D・ラヴィッチ著 末藤・宮本・佐藤訳	六四〇〇円
アメリカ公立学校の社会史—コモンスクールからNCLB法まで	W・J・リース著 小川佳万・浅沼茂監訳	四六〇〇円

(コメニウスセレクション)

地上の迷宮と心の楽園	J・コメニウス 藤田輝夫訳	三六〇〇円
パンパイデイア—生涯にわたる教育の改善	J・コメニウス 太田光一訳	五八〇〇円
覚醒から光へ：学問、宗教、政治の改善	J・コメニウス 太田光一訳	四六〇〇円

〒113-0023 東京都文京区向丘1-20-6 TEL 03-3818-5521 FAX03-3818-5514 振替 00110-6-37828
Email tk203444@fsinet.or.jp URL:http://www.toshindo-pub.com/

※定価：表示価格（本体）＋税

東信堂

若手研究者必携 比較教育学の研究スキル	山内乾史編著	一七〇〇円
リーディングス 比較教育学 地域研究 —多様性の教育学へ	近藤孝弘・中矢礼美・西野節男 編著	三七〇〇円
比較教育学事典	日本比較教育学会編	一二〇〇〇円
比較教育学の地平を拓く	山田肖子・森下稔 編著	四六〇〇円
比較教育学—越境のレッスン	馬越徹	三六〇〇円
比較教育学—伝統・挑戦・新しいパラダイムを求めて	M・ブレイ編著 馬越徹・大塚豊監訳	三八〇〇円
国際教育開発の研究射程—「持続可能な社会」のための比較教育学の最前線	北村友人	二八〇〇円
国際教育開発の再検討—途上国の基礎教育普及に向けて	小川啓一・西村幹子・北村友人 編著	二四〇〇円
ペルーの民衆教育 —「社会を変える」教育の変容と学校での受容	工藤瞳	三二〇〇円
アセアン共同体の市民性教育	平田利文編著	三七〇〇円
市民性教育の研究—日本とタイの比較	平田利文編著	四二〇〇円
社会を創る市民の教育 —協働によるシティズンシップ教育の実践	大友秀明・桐谷正信 編著	二五〇〇円
アメリカにおける多文化的歴史カリキュラム	桐谷正信	三六〇〇円
アメリカ公民教育におけるサービス・ラーニング	唐木清志	四六〇〇円
発展途上国の保育と国際協力	浜野隆・三輪千明 著	三八〇〇円
中国教育の文化的基盤	□□□著 大塚豊監訳	二九〇〇円
中国大学入試研究—変貌する国家の人材選抜	大塚豊	三六〇〇円
東アジアの大学・大学院入学者選抜制度の比較 —中国・台湾・韓国・日本	南部広孝	三二〇〇円
中国高等教育独学試験制度の展開	南部広孝	三二〇〇円
現代ベトナム高等教育の構造—国家の管理と党の領導	関口洋平	三九〇〇円
中国の職業教育拡大政策—背景・実現過程・帰結	劉文君	五〇四八円
中国における大学奨学金制度と評価	王帥	五四〇〇円
中国高等教育の拡大と教育機会の変容	王傑	三九〇〇円
中国の素質教育と教育機会の平等 —都市と農村の小学校の事例を手がかりとして	代玉	五八〇〇円
現代中国初中等教育の多様化と教育改革	楠山研	三六〇〇円
グローバル人材育成と国際バカロレア —アジア諸国のIB導入実態	李霞 編著	二九〇〇円
文革後中国基礎教育における「主体性」の育成	李霞	二八〇〇円

〒113-0023 東京都文京区向丘 1-20-6 TEL 03-3818-5521 FAX03-3818-5514 振替 00110-6-37828
Email tk203444@fsinet.or.jp URL:http://www.toshindo-pub.com/

※定価：表示価格（本体）＋税